"*La Carta de Priscila* debe ser un clásico ... el libro de Hoppin contiene buena investigación, escrito de manera muy elevada, y sus argumentos son muy persuasivos. Yo creo que este libro debe ser leído por toda persona interesada en el desarrollo del Cristianismo primitivo."

— *L. Bernard LaMontagne, Profesor de Teología y Filosofía, Saint Mary-of-the Woods College, Indiana*

"El tesis es audaz, el escudriñamiento exhaustivo, y el estudio meticuloso ... un destajo de virtuosidad interdisciplinaria que dejara su marca en los estudios Nuevos Testamentarios."

— *Gilbert Bilezikian, Profesor Emeritus, Estudios NT, Wheaton College, Illinois Autor,* Beyond Sex Roles

"El caso por una *mujer* autora de Hebreos presentado por Hoppin, y especialmente la mujer, *Priscila*, provee una referencia muy necesitada para este argumento ... (su argumento) es capaz y interesadamente expuesto."

— *Alan F. Johnson, Profesor de NT y Ética Cristiana Wheaton College, Illinois*

"Hoppin ha hecho un buena trabajo ... sus argumento sólido presenta un caso formidable que tendrá que ser tratado por cualquier persona que escoge un autor alternativo."

— *Kenneth D. Litwak, Ph.D., Ashland Theological Seminary Ashland Theological Journal*

"Un grupo de argumentos detallados y bien pensados para Priscila como la autora ... el trabajo de Hoppin representa una investigación bien desarrollada y cuidadosamente enfocada en ese tema."

— *Dr. Fred Kellogg, Profesor de Religión Emory & Henry College, Virginia*

"Este libro indica un conocimiento extensivo y actualizado con la literatura y los comentarios, y presenta un caso convincente para la autoría de Priscila de La Epístola a los Hebreos."
— *Estella B. Horning, Profesor Afiliado de Estudios Bíblicos, Northern Baptist Theological Seminary, Illinois, Priscilla Papers*

"Ruth Hoppin ha tomado un gran paso en demostrar la hipótesis de Harnack, trayendo data arqueológica a flote y testimonio para mostrar claramente que autoría Prisciliana es una sugerencia viable que necesita ser seriamente considerada. Hoppin también señala fallas en otras teorías populares sobre la autoría de Hebreos, finalizando su análisis detallado al apuntar al posible local de su escribir y el destino de la carta."
— *Frank Daniels, Ph.D., Ely, Nevada*

"La gente que dice que ha leído todo lo que hay sobre el tema de los sexos tienen un desafió nuevo para considerar. El libro es informativo, erudito, y como mujer, me animó a pasar por las ventanas de oportunidad que Dios me da, sabiendo que la historia una vez mas las intentara cerrar, pero pude haber usado mi tiempo para sus propósitos."
— *Coralee Murray, Campus Crusade for Christ*

"Su argumento es metodológicamente y convincentemente presentado. Lectores... encontraran el argumento detallado de Hoppin muy persuasivo, y quizás se sorprenderán al encontrarse uniéndose a su creencia de que uno de los autores de nuestra Biblia fue en verdad una mujer."
— *Suzanne Pruit, Houston, Texas*

"Extremadente bien investigado ... si esta genuinamente interesado en explorar la historia Bíblica con una mente abierta, *La Carta de Priscila* es entonces 'obligatorio.'"
— *"Irish Reader", crítico, www.amazon.com*

La Carta de Priscila

Encontrando el Autor de la Epístola a los Hebreos

RUTH HOPPIN

Traducido por P. Benjamín Alfaro

LOST~
COAST
PRESS

La Carta de Priscila

Encontrando el Autor de la Epístola a Los Hebreos

Lost Coast Press
155 Cypress Street
Fort Bragg, CA 95437
www.cypresshouse.com

Cover and book design by Michael Brechner / Cypress House

Cover Art: Stained glass panel that depicts Priscilla teaching, courtesy of St. John's Anglican Church, Heidelberg, Australia

Library of Congress Cataloging-in-Publication Data

Hoppin, Ruth, 1928-
[Priscilla's letter. Spanish]
    La carta de priscila : encontrando el autor de la Epistola a los Hebreos / Ruth Hoppin. -- 1st ed.
    p. cm.
    Includes bibliographical references and index.
    ISBN 978-1-882897-99-5 (pbk. : alk. paper)
    1. Bible. N.T. Hebrews--Authorship. 2. Priscilla, Saint, 1st cent.--Authorship. I. Title.
    BS2775.52.H6718 2009

227'.87066--dc22   2008040470

First edition
Printed in the USA
2 4 6 8 9 7 5 3 1

Para Stuart,
por viajar conmigo
al primer siglo para
«encontrar a Priscila».

Contenido

RECONOCIMIENTOS

Las escrituras fueron citadas de la *Revised Standard Version de la Biblia*, copyright 1946, 1952, 1971 y de la New Revised Standard Version *de la Biblia*, copyright 1989 por la Division of Christian Education of the National Council of Churches of Christ in the USA, a no ser que se indique al lo contrario. Usada con permiso. Un extracto de *Solving the Mysteries of the Dead Sea Scrolls*, por Edward M. Cook, es usado con el permiso de Editorial Zondervan, Derechos de reproducción reservados © 1994, www.zondervan.com. Las citaciones de de los Rollos del Mar Muerto son de *Burrows On The Dead Sea Scrolls* por Millar Burrows. Derechos de reproducción reservados © 1955 por Millar Burrows. Derechos de reproducción reservados renovados © 1983 por E.G. Burrows. Usado con el permiso de Viking Penguin, una división de Penguin Books (USA) Inc. Las imágenes de la Catacumba de Priscila fueron reproducidas con el permiso de la Hermana Maria Francesca de las Hermanas Benedictas, Roma, y la Comisión Pontífical por la Sagrada Arqueología. Fotografía, cortesía de Bibliothèque Nationale de France.

PRÓLOGO

Este libro hace una contribución grandiosa a la continua búsqueda del anónimo autor cristiano de la primera época a quien se le da el crédito de escribir la Epístola a los Hebreos. Aunque la tesis de autoría Prisciliana es audaz, los resultados de la investigación reflejados en La Carta de Priscila son minuciosos y el estudio meticuloso. En una comparación de todos los candidatos, el peso de la evidencia favorece a la misionera y fiel compañera del Apóstol Pablo. Pareciera ser que un intento de exponer tanto estudio en un libro tendría un resultado seco y de lectura tediosa. Afortunadamente, éste no es el caso. Esta búsqueda por Priscila se conduce en un estilo de aventura fascinante que lleva al lector por vueltas y curvas no esperadas por todo el paisaje de antigua evidencia histórica, arqueológica y literaria. En el proceso, se nos sirve una notable porción de virtuosidad interdisciplinaria que hará su marca en el estudio Nuevo Testamentario.

Gilbert Bilezikian
Profesor Emeritus de Estudios Bíblicos
Colegio de Wheaton

NOTA CONCERNIENTE
A ESTA EDICIÓN

Este libro fue originalmente publicado en el 1997 por Internacional Scholars Publications bajo la imprenta de Christian Universities Press. A corto plazo después de ser publicado, el impreso fue agotado y ha sido generalmente indisponible. Estoy muy agradecida a Carolyn Good Plampin, Dr. Catherine C. Kroeger, y el Rev. LaVonne Althouse, todas tomando una valiente posición por la libertad académica a favor de La Carta de Priscila por anunciar al público estas circunstancias sospechosas.

Quiero darle las gracias al Profesor L. Bernard LaMontagne de St. Mary-of-the-Woods College, Indiana, por informarme de nueva y valiosa evidencia y por su continuo diálogo.

Ruth Hoppin
1999

PREFACIO

Veinticinco años han pasado desde la publicación de mi primer libro que presenta el caso para Priscila como autora de la Epístola a los Hebreos.

¿Por qué un segundo libro sobre el mismo tema? La Carta de Priscila: Encontrando el Autor de la Epístola de Hebreos evolucionó de una rara secuencia de eventos, así como Priscila: Autora de la Epístola a los Hebreos.

A mediados de los años 60, mientras investigaba malas traducciones de la escritura que trata con el estatus de la mujer, crucé camino con una referencia a la hipótesis de Adolfo Harnack diciendo que Priscila escribió Hebreos. No lo sabía en ese entonces, pero una notable aventura había comenzado. Al principio reflexioné: «¿Podría ser verdad, y habrá alguna evidencia que apoye esto?» Planeando escribir un artículo, a lo máximo, estudié un libro que finalmente me contestó afirmativamente las dos preguntas.

A lo largo de los años 70, di conferencias sobre este tema. Cuando los libros ya no estaban disponibles, circulé lo escrito de una conferencia que di llamada, «Una autora femenina de las escrituras sagradas», en respuesta a pedidos.

Sin embargo, empecé a moverme en una nueva dirección. Me dediqué a la escritura autónoma y la poesía. El abogar por «La Carta de Priscila» pareció ser un simple episodio de mi vida — un episodio que aparentemente había retrocedido al pasado.

El punto determinante llegó en el año 1983, cuando recibí una llamada de uno de mis lectores, Martha Sihler de Santa Cruz. La señora Sihler estaba convencida de que Priscila fue la autora de Hebreos y se había resuelto a buscar documentación adicional. Me proveyó de nuevo material de gran valor.

Otras circunstancias se unieron, las cuales me llevaron a escribir un segundo libro sobre Priscila. Nuevos comentarios importantes sobre Hebreos fueron publicados, ampliando así la base del conocimiento. Manuscritos del Mar Muerto adicionales fueron publicados, precipitando discusiones sobre varios temas relacionados con el libro. Claramente, una actualización fue necesaria.

Me invitaron a presentar un taller sobre Priscila en una conferencia; empecé a ver un crecimiento en el interés público.

Lo más importante, mis pensamientos empezaron a decisivamente desear una continuación a «Priscila: Autora de la Epístola a los Hebreos». Mi investigación estaba ya en camino.

Además de Martha Sihler, otras personas merecen agradecimiento y reconocimiento. Carolyn Goodman Plampin por información y ánimo; Cathie Scalice, Kate Harvest, Catherine Legge, y Lolly Pineda, Bibliotecarias de la Biblioteca de Serramonte en Daly City, California, por su paciencia y ayuda en conseguir libros y artículos por medio de prestamos interbibliotecarios; Leonard E. Boyle de la Biblioteca Apostólica Vaticana por amablemente proveer una fuente y traducción del latín al inglés. Julie E. Johnson de San Francisco, traductora de francés al inglés; Maureen J. Hoffman, por su asistencia en preparar el manuscrito; el Rev. Ray Munson de North Collins,

Nueva York, por difundir las ideas sobre Priscila y por su inspiración y oración; y la Hermana Maria Francesca de las Hermanas Benedictinas, Tumba de Priscila, Roma, por una recorrida especial de la tumba en 1988. Les agradezco la asistencia cortesa de *The Expository Times* y la Bibliotheque Nationale de Francia.

Quiero mencionar con gratitud a Gilbert Bilezikian y Verna J. Dossier, los cuales amablemente aceptaron leer el manuscrito.

La persona a quien este libro es dedicado, mi esposo Stuart, merece crédito por su apoyo y asistencia.

En 1957, Russell Prohl, autor de *Women in the Church* (Mujeres en la Iglesia), comentó: «Hay un buen número de críticos de la Biblia que sugieren que Priscila escribió la Epístola a los Hebreos. Quizás un día aprenderemos que esto es verdad.»

Mientras usted toma su lugar en el jurado para escuchar el argumento a favor de Priscila, espero que ese día esté cerca.

LA CARTA
DE PRISCILA

Oración por el nombramiento de una estrella

Una estrella sin nombre sobre un mar ventisquero

Brillante sobre la marea, emite esperanza hacia mí.

Fuera del silencio de siglos pasados

—Fuera del desierto del tiempo- al fin brilla.

Deja que la Verdad nos mire de pancartas no desplegadas

Sobre las luminosas muralla del mundo.

Luz que guía por donde pasa su esplendor

Y así una estrella sea nombrada en el brillo de la verdad.

— Ruth Hoppin

Unas Palabras del Traductor

He tenido pocas pláticas trascendentales en mi vida. La que tuve con mi hermano, Sammy, una noche en casa de mis padres me llevó a aceptar a Jesús como mi salvador. Recuerdo hablando con mi esposa, Sarah, (mi mejor amiga en ese tiempo) por casi cinco horas seguidas mientras regresábamos de un viaje juvenil en California. La cual empezó una relación que hasta la fecha es incomparable. También recuerdo sentarme en un restaurante muy sencillo con mi amigo y pastor, Jonatán Meza, mientras él me abrió los ojos a una nueva revelación de la palabra. La cual ha cambiado mi ministerio y me ha llevado a un nuevo nivel de amor y conocimiento de nuestro Padre y Dios.

¡Pero Dios tenía una plática más que sacar de su manga! Mientras yo me preparaba para una serie de enseñanzas sobre «La posición de la mujer en Cristo», que serían presentadas en un programa de radio que tengo en el ministerio, hablé con varios pastores y maestros sobre su punto de vista. «¿Puede la mujer enseñar en la iglesia?», es la pregunta que hacía. Claro, ya tenía mi punto de vista muy establecido. ¡La mujer sí puede enseñar, ministrar y predicar en la iglesia! Sólo buscaba las opiniones de otros y tesoros de información escondidos en su conocimiento. Recibí buenas aportaciones.

Caminando a un juego amistoso de fútbol entre México y los Estados Unidos (¡México tristemente perdió! Pero bien...), y hablando con mi hermano, el cual ha estudiado bastante y de hecho está a punto de obtener su doctorado en teología, me compartió una teoría que había escuchado en el transcurso de sus estudios. Me dijo, entre otros «tesoritos», «¿Sabías que muchos teólogos no creen que Pablo escribió la carta a los Hebreos?» Yo siempre había aceptado la idea de que Hebreos, aunque oficialmente anónima, fue escrita por Pablo. Y después me dejó caer una bomba. «*Hay un hombre llamado Adolfo Harnack...*»

La verdad es que estuve en ese partido de fútbol, ¡pero mi mente no paraba de pensar en las implicaciones de lo que había escuchado! ¿Será verdad? ¿Una mujer escribió sagrada escritura? ¿Por qué es que nunca había escuchado de esto? ¡Me desesperaba por llegar a casa y empezar a buscar todo lo que podría encontrar respecto esta teoría tan emocionante!

Cuando llegué a casa, me metí al Internet para buscar en todos los recursos disponibles sobre este tema. Después de un tiempo de búsqueda me encontré con este libro. Para hacer la historia corta, lo ordene y dos semanas después, empecé a descubrir esta gran realidad de que Priscila escribió Hebreos.

Ahora tengo el gran honor de traer este hermoso documento a ustedes, mi familia hispana, mis hermanos y hermanas en Cristo. Es la primera vez que me toca traducir un libro y espero hacerle justicia. Es mi anhelo no perder el estilo con el cual muy carismáticamente fue escrito. Y sobre todo, deseo que sus vidas sean bendecidas de una manera tan especial, así como la mía fue inmensamente bendecida.

— P. Benjamín Alfaro, Pastor y Maestro de
Redimidos — Phoenix, AZ

CAPÍTULO UNO

SOMOS TESTIGOS
DE UN MISTERIO

UNA ABUNDANCIA DE AUTORES
Y PABLO EN PARTICULAR

En tiempos apostólicos, una carta extraordinaria fue escrita a un grupo de cristianos por uno de sus líderes espirituales. Unos años después, copias de esta carta fueron enviadas a otras iglesias. La iglesia del primer siglo fue exhortada por su celo y discernimiento y fue edificada por su impresionante manera de escribir. Con el tiempo esta carta llegó a ser agregada al canon del Nuevo Testamento. Hoy la conocemos como la Epístola a los Hebreos. En una línea torcida de la historia, un profundo misterio rodea el nombre del autor.

Obra maestra en cuanto a lo literario y lo teológico, la carta fue demasiada buena para quedarse sin autor. No pasó mucho tiempo para que los nombres de varios líderes fueran acreditados. Clemente de Roma, Bernabé y Pablo fueron los candidatos principales. Lucas, Felipe, Silas, y otros también «entraron a la carrera.» Antes de solucionar el misterio, tales candidatos sólo multiplicaron la confusión, puesto que ninguno de ellos fue universalmente aceptado. El tiempo ha obscurecido la verdad con tantas teorías compitiendo para autoría. Cada teoría está llena de evidencia que la contradice, con la excepción de una que espero demostrar ser verdad.

Hebreos es raramente acreditada a Pablo hoy en día. De hecho, el creer que Pablo escribió Hebreos no debe ser una prueba de doctrina. ¿Si no la escribió, qué virtud hay en pensar que sí?

Nunca ha sido aceptado en forma unánime a favor o en desacuerdo que Pablo escribió Hebreos. En Alejandría del primer siglo una teoría salió diciendo que la carta a los Hebreos era una traducción de las palabras de Pablo o sus pensamientos en forma parafraseada.[1] En esa misma línea de pensamientos, en 1914, la Comisión Bíblica Pontifical declaró:

> «El criterio del idioma y el contenido comprueba que Pablo fue el autor. Sin embargo, no es necesario asumir que Pablo le dio forma a esta carta.»[2]

Uno tiene que estar muy impresionado con la perseverancia de esta teoría. Pero hay poca evidencia para apoyarla. ¡Imagina a Pablo empleando un escritor fantasma! Considera este documento único — su arte, originalidad e excelencia literaria. Aunque sí tiene sus pensamientos muy apegados a los de Pablo, seguramente es el producto de la mente del propio autor.

¿Por qué será que aún existe gente que piensa en Pablo como el autor de Hebreos? Su nombre es parte del título de la carta en la versión de King James. Por esta simple razón, muchos no han cuestionado la idea. Se ha pasado por alto el hecho de que la conversión del autor,[3] (mediada por aquellos que vieron y escucharon a Jesús) varía tanto de la conversión de Pablo. El tono constante de disculpas en la posdata, de lo cual hablaremos con detalle más adelante, y la ausencia de la firma normal de Pablo pasan desapercibidos. Esto no debe ser así. Tampoco podemos atribuir la brecha que existe entre el estilo y vocabulario de Hebreos y las cartas Paulinas a las diferencias de los temas de que se tratan. Con sólo este criterio debemos descalificar a Pablo.

¿Una carta anónima?

¿Será que el autor mandó una carta anónima? Después de todo, la identidad del autor tenía que haber sido conocida por los recipientes. Si no es así, ¿cómo entonces explicamos la petición de oración de que el autor sea restaurado a ellos de manera breve?[4] Westcott, en su obra monumental, declara que el autor no hizo nada para esconder su identidad.[5] Esto es perfectamente correcto. ¿Quizás se le olvidó al autor firmar su nombre? ¿O se «perdió» el nombre de alguna otra manera?

Lo crucial de esto es la omisión de saludos personales, donde el nombre del autor usualmente se introduce, al principio de Hebreos. Algunos eruditos han llegado a la conclusión de que Hebreos no es una carta sino más bien una obra de estudio. Esta suposición se mete en verdaderos problemas cuando al final se incluyen saludos personales. Ni tampoco sigue a donde el mensaje inevitablemente llega–a un grupo de iglesias en un local específico donde el autor tiene un ministerio de enseñanza. Conocía suficiente a sus recipientes para no estar satisfecho con su progreso. Les recuerda del pasado hablando de la evidencia de su fe. Con ternura y reprensión,

3

les corrige su presente apatía. Hebreos es una epístola, y el autor fue conocido a los recipientes originales.

Sin embargo, a lo contrario de otras cartas contemporáneas, Hebreos no tiene saludos al principio que llevan el nombre del autor. Nunca una frase ha sido tan llamativa por su ausencia. ¿Fue dejada en el olvido a propósito? Y si es así, ¿por quién? ¿por qué? ¿Será que alguien decidió omitir el saludo? Un motivo no sería difícil encontrar. Al reprimir el nombre del autor, sería fácil entonces asignar la carta a Pablo. Esto les caería muy bien a varios elementos de la iglesia. ¿O será que el autor o amigos del autor omitieron el saludo cuando se empezaron a circular las copias, con el propósito de asegurar la aceptación de la carta? En un escenario completamente diferente, ¿será que la pérdida del saludo fue accidental?

Lo anterior posiblemente es tan absurdo que no se puede tomar en serio. Esto es el consenso entre los eruditos.[6] La evidencia en este caso es muy simple y clara. Tenemos casi 14,000 cartas del mundo antiguo.[7] Muchos son originales. A ninguno le faltan los saludos usuales.[8] No existe archivo que nos relate la pérdida del saludo personal en alguno de los rollos de papiro.[9] Si Hebreos es una excepción, es la única conocida. Técnicamente el saludo es una oración que contiene el nombre del autor, el nombre del recipiente y los saludos preliminares. (Pablo acostumbraba usar dos oraciones.)[10] Al ver que el saludo principal es tan breve, su pérdida inevitablemente incluyera parte del resto de lo escrito.[11] Es más probable que el saludo principal lo eliminó el autor a propósito. La oración que nosotros conocemos como Hebreos 1:1 es muy aliterada y viene a ser un perfecto principio a la carta. El «misterio de la pérdida del saludo principal» se convierte en el «misterio del autor desconocido».

La pérdida del nombre del autor

La pérdida del nombre del autor ocurrió muy temprano en la historia, creando así uno de los misterios más provocativos. Tanto adivinanza como llena de claves: la naturaleza exaltada de la epístola, y por inferencia, la manera llamativa del autor en la iglesia primitiva.

Aunque el autor era conocido a los primeros recipientes, hemos visto que cuando las copias se empezaron a repartir desde Roma; el nombre del autor, en un cierto punto en la historia, fue omitido. La posición de las mujeres estaba perdiendo favor dentro de las iglesias. El nombre fue omitido para reprimir su autoría femenina, o es posible que lo hicieran para que la epístola en sí, no sea reprimida. Una circunstancia muy interesante es que Clemente de Roma le dio uso extenso a Hebreos en su epístola a los Corintios, 95-96 D.C., pero nunca dijo a quien estaba citando. Al contrario, se mencionaba a Pablo cuando lo citaba a él.

Adolfo Harnack, citando a Zahn, argumentó que así como la epístola fue atribuida a Bernabé por un tiempo, y también a Pablo, debe de haber sido circulada anónimamente. El razonó que es muy probable que el nombre fue omitido intencionalmente.

Gilbert Bilezikian, un profesor de estudios bíblicos en el Colegio de Wheaton, observa sobre «La conspiración del anonimato ... en la iglesia antigua», y razona:

> La falta de alguna información firme concerniente a la identidad del autor en escritos existentes sugiere una tachadura deliberada en lugar de una pérdida colectiva de memoria.[12]

¿Pero por qué? La adivinanza es resuelta, obviamente, si el autor fuera Priscila.

Cinco años después de que Adolfo Harnack publicó su artículo, Friedrich Schiele forzosamente apoyó su hipótesis. Escribiendo en *La Revista Americana de Teología*, se opuso a la afirmación de que la identidad del autor de Hebreos nunca sería conocida. Después empezó a defender la posibilidad de que Priscila pudiera haber sido el autor. Schiele declaró que el anonimato de Hebreos era un caso único en el Nuevo Testamento y otra literatura relacionada. Cuando se habla de cartas, el nombre del autor era de suma importancia y en realidad lo más fácil de preservar. Pero si se perdiera, la costumbre era que un pseudónimo se le añadiera. Escribió:

> El anonimato de la Epístola a los Hebreos parece ser tan peculiar y anormal que urgentemente demanda una explicación... ¿Por qué es que sólo esta epístola ha perdido el nombre de su autor sin tener la sustitución de ningún otro nombre? *La hipótesis de Prisca ofrecido por Adolfo Harnack nos provee una solución total y satisfactoria.*[13]

Schiele nos dio una segunda razón de por qué no debemos abandonar nuestra búsqueda de la identidad del autor: «El círculo de amigos de Pablo es tan reconocido que sería sorprendente que dentro de todos esos nombres, el nombre del autor...no...aparezca.» En otras palabras, tenemos virtualmente una lista de nombres en la cual aparece.

Un autor más reciente quien habló del caso del «anonimato» es A. Víctor Murray,[14] quien admitió la posibilidad de que Hebreos pudiera haber sido escrito por Priscila *«y esto nos explicaría porque el nombre del autor fue omitido.»* Sin embargo, otros han agonizado sobre la pérdida del nombre del autor sin compartir la teoría Adolfo Harnack y sus seguidores han encontrado una explicación razonable en la autoría femenina de la epístola. D.A. Hayes[15] se da cuenta que el autor era bien conocido a los recipientes originales. De hecho, tan conocido que era inmediatamente reconocible. Parecía innecesario «hacer la crónica de su nombre» Hayes explica, «por esta razón, hoy es conocido como El Gran Desconocido.» Hayes continúa diciendo que la incertidumbre del nombre del autor, regresando mucho en la antigüedad, es «uno de los acontecimientos más raros en toda literatura», y que el autor no haya sido mencionado en la escritura, es simplemente increíble. Y aún sin mencionar a Adolfo Harnack o Priscila.

Hayes comentó que Hebreos fue canonizado en el Nuevo Testamento bajo una nube de misterio. ¡Qué afortunados somos que esta carta no se lanzó al olvido juntamente con el nombre del autor! ¡Qué triste comentario sobre la naturaleza humana! ¡Qué seria advertencia del autor que la pregunta ¿Fue escrita por Pablo? siempre acompañaba su autenticidad! Qué pérdida hubiera sido al mundo cristiano si su incorporación al canon nuevo testamentario, que por trescientos años fue argumentado, hubiera sido impedido sólo por prejuicio y la veneración de héroes. La iglesia occidental tuvo gran culpa en quitarla del Canon Muratorio del segundo siglo, despreciando así su valor.[16] Más o menos en esta época, la iglesia oriental, teorizando que Pablo escribió la carta (aunque nunca lo pudo comprobar), aceptó la epístola.[17] Finalmente, fue atribuida a Pablo y puesta junto con sus otras epístolas.

En Papiro II de Chester Beatty, del tercer siglo, Hebreos le sigue a Romanos.[18] La proximidad a las cartas de Pablo empezó a vencer el problema del anonimato. En los manuscritos del cuarto siglo, Vaticanus y Sinaiticus, aparece antes de las Pastorales,[19] haciendo a Pablo autor por implicación.

Además, origen apostólico fue asignado a la carta. En Alejandría, el optimismo venció sobre la duda en el año 367 D.C., cuando en su carta de semana santa, Atanasias declaró que Pablo escribió catorce epístolas incluyendo a Hebreos.[20] Autorización adicional fue dada por concilios en Hippo en 393 D.C. y en Cartago en los años 397 y 419 D.C.[21] ¡La carta a los Hebreos «entró»!

La aceptación de la carta a los Hebreos en el canon del Nuevo Testamento le ha dado al mundo un misterio fascinante y ha picado la curiosidad de eruditos. La larga batalla de realizar la igualdad espiritual dada por Dios le añade relevancia a la pregunta: «¿Puede ser que una mujer escribió Escritura Santa?»

James Hope Moulton, erudito del Nuevo Testamento y lexicógrafo del griego, escribiendo en 1909, se refirió al «hombre — o mujer» quien escribió Hebreos.[22] Años después, en su Léxico del Testamento Griego, Priscila es mencionada principalmente en términos del hipótesis cuidadosamente razonado por Adolfo Harnack.[23]

Sin embargo, según otro expositor, la Epístola a los Hebreos es el producto de una mente masculina.[24] Esta suposición es solitaria. No es apoyada por ningún razonamiento, ni una palabra de explicación. En la ausencia de clarificación adicional, sólo podemos decir que ¡esta conclusión es el producto de una mente cerrada!

Descubriremos en el transcurso de nuestra investigación que al contrario, Hebreos parece ser el producto de una mente femenina.

Notas al Capítulo Uno

1. Brooke Foss Westcott, *The Epistle to the Hebrews: The Greek Text with Notes and Essays* (1ra Edición1889, 2da ed. 1892) (Grand Rapids: Wm. B. Eerdman's Publishing Co., 1955), p. lxvlxvi. Esta edición es publicada con acuerdos especiales con Macmillan Co.

2. Alfred Wikenhauser, *New Testament Introduction* transl. Joseph Cunningham (New York: Herder and Herder, 1958), p. 454.

3. Heb. 2:3

4. Heb. 13:18,19.

5. Westcott, op. cit., p. lxxv

6. Westcott, p. xxx.

7. Wikenhauser, op. cit., p. 346

8. Ibid., p. 349

9. Ibid., p. 459

10. Ibid., p. 348,9.

11. Ibid., p. 349.

12. Gilbert Bilezikian, *Beyond Sex Roles* (Grand Rapids: Baker Book House, 1985), p. 302

13. Friedrich Michael Schiele, «Adolfo Harnack's 'Probabilia' Concerning the Address and Author of the Epistle to the Hebrews», *The American Journal of Theology*, 1905 (290-308) p. 292-3.

14. A. Victor Murray, *How to Know Your Bible* Boston: The Beacon Press, 1952, p. 160.

15. D.A. Hayes, *The Epistle to the Hebrews*, Biblical Introduction Series, New York, Cincinnati: The Methodist Book Concern, p. 18-21.

16. H.T. Andrews, «Hebrews», *The Abingdon Bible Commentary* ed., Fredrick Carl Eiselen, Edwin Lewis and David G. Downey (New York: Abingdon-Cokesbury Press, 1929), p. 1229.

17. Ibid.
18. Stephen S. Smalley, «Hebrews», *Exploring New Testament Backgrounds* (copyright by Christianity Today, n.d.) p. 49.
19. Ibid.
20. Westcott, op. cit., p. lxxii
21. Ibid., p. lxxiii
22. Moulton, James Hope, «New Testament Greek in the Light of Modern Discovery», *Essays on Some Biblical Questions of the Day.* London: Macmillan and Co., Limited, 1909.
23. Moulton, James Hope and Milligan, George, *The Vocabulary of Greek Testament Illustrated from the papyri and other non-literary sources.* London: Hodder and Stoughton, Limited, 1930.
24. Marcus Dods, «The Epistle to the Hebrews», *The Expositor's Greek Testament,* Vol. IV, ed. W. Robertson Nicoll (London and New York: Hodder & Stoughton, Limited), p. 229.

Capítulo Dos

Examinamos la evidencia

¿Cree usted que un día conoceremos con alguna certidumbre razonable quién escribió la Epístola a los Hebreos? ¿En qué nos podemos basar? Una grabación de audio con el autor sería anacrónica, pero muy buena. Quizás nos bastaría con tener el documento original, bajo vidrio en un museo, aunque fuera un poco raído por los bordes, aún sin la firma del autor. La falta de esta clase de evidencia nos hace buscar en la Biblia y ciertas otras fuentes de información aclaratorias. En el Nuevo Testamento, Hechos y Hebreos serán nuestras guías primarias. 1ra a los Corintios, Romanos, 2da a Timoteo y el Apocalipsis también serán mencionados. Hay numerosas referencias al Viejo Testamento en Hebreos. Estas incluyen el sexto capítulo de Zacarías y varios salmos. Escritos apócrifos (N.T.), manuscritos antiguos y los Rollos del Mar Muerto serán puestos en evidencia. Los sepulcros romanos revelarán secretos claves.

Paso por paso, nuestro estudio nos llevará al autor de los Hebreos.

El título original y como tuvo su crecimiento.

La Epístola a los Hebreos casi tiene la misma cantidad de «títulos» como «autores». Tome tiempo para revisar la lista y tome su preferencia:

Traducción (Versión)	Titulo
King James	La Epístola de el Apóstol Pablo a los Hebreos
Revised Standard Version and New Revised Standard Version	La Carta a los Hebreos
Jerusalem Bible	La Carta a los Hebreos
New English Bible	Una Carta a los Hebreos
Revised English Bible	Una Carta a los Hebreos
The Authentic New Testament (transl. Schonfield)	Sermón Anónimo a los Hebreos
Novum Testamentum Graece (transl. Souter)	La Epístola de Pablo a los Hebreos
The Holy Bible (Catholic) (transl. Ronald Knox)	La Epístola del Bendito Apóstol Pablo a los Hebreos
The New American Bible (Catholic)	La Epístola a los Hebreos
Expositor's Greek New Testament	La Epístola de Pablo el Apóstol a los Hebreos (con nota de que debe ser: A los Hebreos)

La Versión de King James tiene la palabra «apóstol», pero Souter no la usa. Esto es una discrepancia aunque los dos títulos tienen el nombre de Pablo. Exageración adicional ocurre en la traducción de Knox al usar la palabra «Bendito». A pesar de estas atribuciones, el nombre de Pablo no formaba parte del título original.

Los manuscritos más viejos tienen el título «pros hebraios» (a los hebreos). [1] el códice Claromontanus (Manuscrito «D») no tiene título, sólo un encabezamiento corrido «a hebreos.» [2] Dos versiones egipcias de buena autenticidad y antigüedad tienen «a los Hebreos.» [3] En la evolución del título, la primera palabra «Epístola» fue añadida. Después fue añadido el nombre de Pablo. [4] ¿Cual es el correcto? El título: «A los hebreos» es muy antiguo si es que no es original.

Papiro y pergamino

Ahora deberíamos buscar si cambios importantes al texto se han hecho a Hebreos. Tenemos por los menos 4,500 manuscritos griegos. Algunos son solamente pequeños pedazos de papiro, pero más o menos cincuenta contienen el Nuevo Testamento en su totalidad.[5] En el caso de la carta a los Hebreos, las variaciones en el texto son relativamente insignificantes y no son relevantes en ninguna manera significativa a nuestro discurso. En la evidencia de los mejores manuscritos, no hay razón para creer que alguna parte importante fue eliminada o añadida.

Es muy probable que el texto original de los escritos Nuevo Testamentarios fuera escrito en papiro. [6] El papiro no era muy durable, pero los primeros cristianos no tenían las fuerzas económicas para comprar pergamino. Pablo pidió ciertas hojas de pergamino «sobre todo» en 2ª a Timoteo 4:13. Estos podrían haber sido libros del Antiguo Testamento. En mejores tiempos, el Nuevo Testamento sería pasado a pergamino, por decreto de Constantino, pero no antes del cuarto siglo. [7]

La superficie accidentada del papiro hacía difícil el escribir en letra corrida. Esto nos explica por qué los manuscritos más antiguos fueron escritos en un estilo «uncial» o «mayúsculo». «Uncial» es latín por «pulgada». Las letras — todas mayúsculas — eran a la altura de una pulgada.

Así es que los pergaminos con el estilo mayúsculo son los más antiguos. De estos, el Códice Vaticanus («B»), del cuarto siglo, es el más antiguo que tenemos.[8] Está en su totalidad hasta Hebreos 9:14a, pero le falta desde Hebreos 9:14b hasta el fin del Nuevo Testamento. Solamente el Códice Sinaiticus (א) tiene el Nuevo Testamento en su totalidad (incluyendo a Hebreos) escrito en letras «uniciales».[9] Escrito en el cuarto siglo, es quizá nuestro mejor manuscrito.[10]

Otros fiables manuscritos conteniendo el Nuevo Testamento en su totalidad son:[11]

* El Códice Alexandrinus («A») — de la primera mitad del quinto siglo.

* El Códice Claramontanus («D») — una colección de las epístolas de Pablo del sexto siglo.

* El Códice Ephraemi — un palimpsesto del quinto siglo.

* El Códice Porphyrianus — un palimpsesto del noveno siglo.

* El Códice Aotus Laurae (Ψ) — del octavo o noveno siglo (en su totalidad con la excepción de Hebreos 8:11-9:19).

Además, tenemos una versión egipcia — la Menfítica, que representa un texto griego de «gran excelencia».[12]

Por supuesto, muchas copias de Hebreos fueron hechas en

papiro. La mayoría de estas se han echado a perder, dejando pedazos del texto. Lo acontecido nos da una buena idea de cual fue el destino de la carta original. Un ejemplo de fragmentación de papiro es «P13», alrededor de 300 D.C., con Hebreos 2:14-5:5, y partes de los capítulos 10,11 y 12. [13] Sin embargo, existe un códice de papiro descubierto en Egipto, con el texto completo de Hebreos. Este documento importante, conocido como El Papiro II o P46 de Chester Beatty, es una colección de las epístolas de Pablo, sin incluir las Pastorales. Como ya hemos visto, en P46, Hebreos fue puesto inmediatamente después de Romanos, diciéndonos que Hebreos era considerado como una de las cartas de Pablo. (Al contrario, en el Latino Occidental, Pablo NO era considerado como el autor.)

Si buscamos el autógrafo, o el manuscrito original de Hebreos, lo más cerca en tiempo que encontraríamos es el P46. Por un tiempo considerado del tercer siglo, [14] quizás tan viejo como del 200 D.C., [15] El P46 pudiera ser tan viejo como 125–150 D.C. Al no poder seguir la carta más en la antigüedad, podemos tratar de entender la mente del autor así como fue revelada en la carta. Fijamos nuestra atención a los pronombres personales usados por el autor (o autora).

Pronombres: plural y singular

No tendremos que comentar sobre el uso del pronombre «nosotros» o «nos» en una carta porque es obvio que se refiere al escritor y los lectores colectivamente. Pero cuando es usado en referencia de primera persona, «nosotros» implica a uno o más asociados cercanos. Su cuidadosa construcción y estilo muy distinto argumentan en contra de una autoría dual de Hebreos. Esto en ninguna manera imposibilita la posibilidad de dos o más personas hablando sobre el tema. Como ya sabemos, Hebreos alterna entre razonamiento doctrinal y exhortación. La tabla abajo mostrará que referencias de primera persona son singulares en presentar el tema principal pero igualmente divididos entre singular y plural cuando se aparta para animar la fe de los lectores.

Referencias Hechas En Primera Persona[16]			
Singular (Yo)		Plural (Nosotros)	
Doctrina	Exhortación	Doctrina	Exhortación
Hebreos 11:32	Hebreos 13:19		Hebreos 6:9
¿Y que más digo? Porque el tiempo me faltaría...	Y más os ruego que lo hagáis así, para ikque yo os sea restituido más pronto.		Pero en cuanto a vosotros, oh hermanos, estamos persuadidos de cosas mejoras, y que pertenecen a la salvación, aunque hablamos así.
	Hebreos 13:22		Hebreos 6:11
	Os ruego, hermanos, que soportéis la palabra de exhortación, pues os he escrito brevemente		Pero deseamos que cada uno de vosotros muestre la misma solicitud hasta el fin, para plena certeza de la esperanza

Referencias Hechas En Primera Persona[16]			
Singular (Yo)		Plural (Nosotros)	
Doctrina	Exhortación	Doctrina	Exhortación
	Hebreos 13:23 *Sabed que está en libertad nuestro hermano Timoteo, con el cual, si viniere pronto, iré a veros.*		Hebreos 13:18 *Orad por nosotros, pues confiamos en que tenemos buena conciencia, deseando conducirnos bien en todo.*

El pronombre «nosotros» en Hebreos 6:9 y el 11 y la alternación de «nosotros» en Hebreos 13:18 y el «yo» en Hebreos 13:19, 22 y 23 es una señal de que el autor está escribiendo en nombre de un aliado a quien los lectores conocen. En particular, la petición «ora por nosotros» (Hebreos 13:18) implica al autor más otra persona o un pequeño grupo de personas específicas. Aunque Pablo usó «nosotros» hablando de él y los otros apóstoles, no puede tener el significado de una categoría general (como en el caso de líderes religiosos) en Hebreos 13:18, pues se le ha pedido al lector orar por el regreso de ellos. ¿Cómo entonces, puede ser explicado el uso del pronombre en referencia plural?

La pregunta es contestada en una manera simple y lógica si formamos la hipótesis que «nosotros» se refiere a Priscila y Aquila, una pareja casada quienes eran inseparables. Sus nombres fueron mencionados seis veces en el Nuevo Testamento — nunca uno sin el otro. Priscila (o Aquila) usó el singular (yo) al presentar el argumento principal, cambiando al plural «nosotros» al exhortar a los lectores. A los dos les preocupaba mucho la vida espiritual de los lectores. Después

17

de todo, fueron en algún tiempo u otro, líderes de la iglesia en Roma, Corintio y Efeso.

Encontramos claves en la posdata

Para el investigador en búsqueda de evidencia que apoye la teoría que Harnack presenta, el posdata (Heb. 13:22-25) es un gran tesoro. Aquí encontramos la referencia a Timoteo, un compañero en el ministerio, ligando así el autor a Pablo. Harnack deducía que el autor o los autores estaban al mismo nivel de Timoteo como líderes de la iglesia, y al ser parte del círculo más íntimo de Pablo, son mencionados en la escritura sagrada.

De hecho, los versículos 23 y 24 contienen en sí no menos de seis claves concernientes a la identidad del autor, y el destino y el lugar de origen de la epístola. Brevemente declaradas, son las siguientes:

* El autor es asociada de una manera muy cercana a Timoteo.

* Timoteo y el autor no están en el lugar donde su ministerio es desarrollado, y de hecho hacen planes de regresar pronto.

* Timoteo está en un lugar donde su libertad ha sido limitada por detención o encarcelamiento.

* El autor, aunque está en la misma área general como la de Timoteo, o está cerca, es libre para viajar.

* Los destinatarios tienen varios líderes además de Timoteo y el autor. (Vea también Heb. 13:17)

* «Los de Italia» envían saludos.

Estas claves proporcionarán evidencia material acerca del destino de la carta, su lugar de origen y la identidad del autor. Sin embargo, estas claves no alcanzan consumir la gran mina de información encontrada en esta porción de la epístola. Concentremos nuestra atención en Hebreos 13:22.

Hebreos 13:22

La primera oración de la posdata tiene un raro tono de disculpa. «Os ruego, hermanos, que soportéis la palabra de exhortación, pues os he escrito brevemente.»

¿Que es lo que impulsó a un brillante y elocuente líder, tal como el autor de Hebreos, a pedir disculpa y hasta tener que justificar el mensaje escrito? ¿Qué, exactamente, quería decir?

Al llamar la atención a la brevedad del mensaje, pudiera haber querido decir:

«Sean pacientes con esta exhortación y léanla, al cabo que es una carta no muy larga».

«Discúlpenme por escribir tan poco sobre esto. Al condensar el mensaje, no le he hecho justicia al tema».

En cualquier caso, su petición merece atención.

En verdad, en lo que concierne a las epístolas del Nuevo Testamento, Hebreos no es tan breve. En el idioma griego, las trece epístolas de Pablo contienen un promedio de 1,300 palabras.[17] En el idioma inglés, el promedio es 3,300 palabras.

Epístola	Cantidad aproximada de palabras (Versión Americana — King James)[18]
Romanos	9,400
I Corintios	9,500
II Corintios	6,100
Gálatas	3,100
Efesios	3,000
Filipenses	2,000
Colosenses	2,000
I Tesalienses	1,900
II Tesalienses	1,000
I Timoteo	2,300
II Timoteo	1,700
Tito	900
Filemón	450
Promedio	**3,335**
Hebreos	**6,900**

Hebreos tiene alrededor de 6,900 palabras. Es más larga que once de las trece epístolas de Pablo, y más de doble del promedio. (La autoría Paulina de Efesios también está bajo investigación.) Hebreos puede ser comparado con Romanos al ser una disertación sobre un tema. Romanos no es mucho más larga. Las epístolas del Nuevo Testamento usualmente son más largas que las cartas sociales y de negocio del mundo antiguo. Cartas existentes en papiro contienen desde 18 a 209 palabras, con un promedio de 87.[19] Las cartas de Cicero no exceden más de 2,530 palabras, con un promedio de 295; y las de Séneca no se pasan de 4134 palabras, con un promedio de 995.[20] ¿Que razón tuvo el autor de Hebreos, al ser muy versado en la literatura y filosofía, para decir que el mensaje es «breve»? Ciertamente, su comentario, «Os he escrito brevemente» plantea una pregunta. *Hebreos no es una epístola corta.* Por lo tanto, ¿será que el autor daba a entender que no pudo darle justicia al tema presentado por ser tan breve en su escribir? Me parece a mí que el autor cubrió el tema muy a fondo. El tema básico puede ser muy adecuadamente tratado en menos palabras. Entonces, ¿a qué se refiere?

Para entender Hebreos 13:22 tendremos que considerar la palabra griega ἐπιστέλλο «mandar un mensaje en escrito» y el significado alternativo «mandar o ordenar». Decir que el autor, «escribió brevemente» es una traducción apropiada, pero hemos visto que sí crea un problema. Lingüísticamente hablando, el significado «mandar o ordenar» es igualmente defendible. En cuanto a la palabra βραχύς, traducida como «brevemente»—también significa «poco», indicando grado o tiempo. Schonfeld usa esto en su traducción:

> Os ruego, hermanos, que soportéis la palabra de exhortación, *pues en verdad sólo hasta un cierto punto os he dado órdenes.*[21] (El uso de bastardilla es mío.)

Ahora comparemos este versículo con I Pedro 5:12:

> Por conducto de Silvano, a quien tengo por hermano fiel, *os he escrito brevemente*, amonestándoos, y testificando que ésta es la verdadera gracia de Dios, en la cual estáis. (El uso de bastardilla es mío.)

Una vez más, tenemos la traducción «escrito brevemente», pero esta vez las palabras griegas son diferentes. γράφω es usado en lugar de ἐπιστέλλο. Ningún otro significado además de «escribir» se puede derivar de γράφω. En lugar de βραχύς, la palabra traducida como «brevemente» aparece ὀλίγων con el significado «en pocas palabras.» Para poder transmitir «hasta un cierto punto» la expresión πρός ὀλίγων hubiera sido usada. En el contexto de la declaración hecha por Pedro vemos muy claramente que ninguna disculpa fue implicada. Vemos entonces que la traducción de Schonfeld «pues en verdad sólo hasta un cierto punto os he dado órdenes» es completamente justificado por el texto griego.

Schonfeld no fue el único erudito en preferir esta traducción. L. Paul Trudinger nos llamó la atención al hecho de que aunque la epístola no es breve, las palabras de instrucción y mandato sí lo son. De esta forma, el autor lógicamente pudiera pedir paciencia en esas pocas palabras en las cuales los lectores fueron «ordenados y instruidos.» Trudinger dice que ἐπιστέλλο comúnmente lleva este significado en el griego clásico, y cita a las autoridades reconocidas J.H. Moulton y G. Milligan quienes apoyan este punto de vista. Esta es la traducción de Trudinger de Hebreos 13:22:

> Os ruego, hermanos, que soportéis mi palabra de exhortación y amonestación, *pues mis mandamientos han sido breves.* (El uso de bastardilla es mío.) [22]

En vista de su prosa de gran mérito y espiritualidad autoritativa, somos forzados a hacer la pregunta: ¿Quién terminaría esta disertación pidiendo disculpas? ¿Quién pidiera disculpas por haber dado órdenes — sólo un poco?

¿Fue el autor una *mujer*? [23]

En nuestra búsqueda del autor, la evidencia encontrada en el último capítulo de Hebreos es significante. Para nosotros, es muy claro que el capítulo 13 de Hebreos fue escrito por el autor, refiriéndose como lo hace a sus comentarios previamente dichos. Las consideraciones estilísticas verifican la unidad de la epístola, a pesar de la informalidad relativa de la conclusión. El versículo 22 explícitamente relaciona al autor de la posdata con el resto de la carta. No obstante, la autenticidad del capítulo 13 ha sido cuestionada. Similarmente se ha sugerido que alguien más escribió los versículos 23,24 y 25. Pero compara el versículo 23 con el 19, el cual no está en la posdata. La esperanza de regresar pronto es expresada en ambos.

R.V.G. Tasker, escribiendo en *The Expository Times,* argumentó en defensa de «La Integridad de la Epístola a los Hebreos» diciendo que no hay evidencia en los manuscritos para decir lo contrario:

... que sepamos, Hebreos nunca estuvo en circulación sin el capítulo 13. En ningún manuscrito griego ni en ninguna versión existente encontramos evidencia a lo contrario. Clemente de Roma tan temprano como el año 96 usa el idioma del capítulo 13, y ... la *prima facie* suposición es que el conocía la epístola tal y como nosotros ahora la conocemos ... En la porción central de Hebreos 13, el autor una vez más se refiere a los temas principales de la carta,...[24]

Tasker está en lo correcto al decir que basados en la evidencia interna, y la falta de evidencia a lo contrario encontrada en los manuscritos, la integridad de la epístola debe ser mantenida. Otro comentarista, William Lane, comenta sobre «los enlaces muy evidentes» entre el capítulo 13 y el material previo. El vocabulario, el estilo, la estructura, y el uso de citas del Pentateuco y los Salmos, todos apuntan a un solo autor:

...el capítulo 13 transmite un mensaje esencial que difícilmente puede ser separado de las preocupaciones y temas conceptuales expresados en Heb. 1-12. [25]

El capítulo trece, con su posdata seductora nombrando a

Timoteo, nos ayudará en nuestra búsqueda del autor. La afirmación infundada de que Pablo escribió los versículos 23-25 es quizás una conclusión lleno de pánico, porque no es ningún secreto que Timoteo fue un líder de la iglesia en Efeso por varios años. También Priscila y Aquila lo fueron.

Mire otra vez Heb. 13:22. ¿Qué líder de la iglesia primitiva compuso tan extraordinario documento y lo terminó con una disculpa implícita? Una pregunta más comprensiva es: ¿Qué podemos aprender de esta carta sobre la personalidad del autor? Mientras examinamos la evidencia, nuestra siguiente tarea será construir un perfil psicológico.

Notas al Capítulo Dos

1. Smalley, op. cit., p. 49 and Westcott, op. cit., p. xxvii.
2. Westcott, p. xxvii.
3. Ibid.
4. Ibid.
5. Wikenhauser, op. cit., p. 78.
6. Ibid., p. 67.
7. Ibid., p. 65.
8. Ibid., p. 79.
9. Robertson, «The Transmission of the New Testament», *The Abingdon Bible Commetary,* ed. Frederick Carl Eiselen *el al.* (New York: Abingdon-Cokesbury Press, 1929), p. 862.
10. S. Wegener, *6000 Years of Bible* (New York: Harper & Row, 1963), p. 286.
11. Westcott, p. xv.
12. Westcott, p. xx.
13. Wikenhauser, p. 87.
14. Ibid.
15. Philip W. Comfort, *Early Manuscripts and Modern Translations of the New Testament* (Wheaton: Tyndale House Publishers, 1990), p. 51.
16. NOTA: En Heb. 8:1, el texto griego no favorece ni al pronombre singular, así como lo hace en la New English Bible, ni el plural, así como lo hace la versión Revised Standard y la King James. Heb. 8:1 puede ser traducido: «El punto principal de lo que se ha dicho» en lugar de «Ahora, éste es *mi* punto principal» (NEB) o «Ahora, el punto que *estamos* tratando de hacer es el siguiente:...» (RSV) El uso de bastardilla es mío..
17. Wikenhauser, p. 347.
18. The Holy Bible, authorized King James version, New Encyclopedic Reference Edition (Grand Rapids: Zondervan

Publishing House, 1996, copyright y Royal Publishers, Inc., Nashville, Tenn.).

19. Wikenhauser, p. 346.

20. Ibid.

21. Hugh J. Schonfeld, ed. and transl., *The Authentic New Testament* (New York: The New American Library of World Literature, Inc., 1958), p. 364.

22. Paul Trudinger, «A Note on Heb. 13:22», *Journal of Theological Studies 23* (1972) 128-130, citing J.H. Moulton and G. Milligan, *The Vocabulary of the Greek New Testament* (Grand Rapids, 1952), pp. 245-6.

23. Somos recordados de *La Epístola de María la Proselita a Ignacio*, en la cual concluye con una advertencia diciendo que ella no escribe para instruirlo. Cynthia Briggs Kittredge, «Hebrews», *Searching the Scriptures*, Vol. 2. (NY: Crossroad, 1993-94), p. 433, citing *Ante-Nicene Fathers* I, p. 120-123

24. R.V.G. Tasker, «The Integrity of the Epistle to the Hebrews», *Expository Times* 47 (1935-36) 136-38.

25. William L. Lane, Word Biblical Commentary,Volume 47A, Hebrews 1-8 (Dallas: Word Books, Publisher,1991),Introduction, p. lxviii.

CAPÍTULO TRES

CONSTRUIMOS UN PERFIL PSICOLÓGICO

¿EL AUTOR ES FEMENINO?

Es verdad que en nuestra búsqueda del autor de Hebreos no hemos encontrado un sobre sellado con el nombre del autor dentro de él, sin embargo, tenemos una carta y la habilidad de razonar sobre ella. Si usted mandara una carta a las iglesias en su ciudad expresando sus preocupaciones doctrinales más profundas, imagínese cuánto revelaría de sí mismo — por lo que decide decir o no decir, la escritura que usa, su estilo y vocabulario. Si expresó la importancia de la fe en la vida familiar, la instrucción a los hijos; si mencionó hombres así como mujeres cuyas vidas han sido una gran inspiración para sí — quizás sus lectores tendieran a suponer que usted es una mujer, aunque su carta no contiene una firma.

Si queremos definir al autor, al leer la Epístola a los Hebreos, haremos dos preguntas distintas pero relacionadas: ¿El autor es una *mujer*? ¿Se *identifica* el autor con las mujeres?

Primero, ¿el autor es *mujer*? Es decir, ¿en una investigación cuidadosa discernimos una mente femenina o masculina? Al hacer esta pregunta, no quiero por implicación decir que el desarrollo general de este tema sólo puede ser atribuido al sexo femenino o al masculino. Más bien, buscamos claves en la personalidad, la manera de expresarse y la posición del autor.

De toda literatura Nuevo Testamentaria fuera de los evangelios, la carta a los Hebreos es la más *ilustrativa de la compasión y la humanidad* de Jesucristo. Dos Ejemplos:

> Por lo tanto, tuvo que ser hecho semejante a sus hermanos y hermanas en todo respecto, para que él pueda ser un sumo sacerdote misericordioso y fiel en el servicio de Dios, para así hacer un sacrificio de expiación por los pecados del mundo. Porque el mismo fue tentado en todo, él ahora puede ayudar a todos los que se encuentran en tentación.
>
> Heb. 2:17-18 NRSV)

> Pues no tenemos un sumo sacerdote quien no pueda simpatizar con nuestras debilidades, sino que tenemos uno que fue tentado en todo respecto, pero sin pecado.
>
> Heb. 4:15 NRSV)

Compasivo a la gente y los sacerdotes, el autor expresa una característica esencial de todo sumo sacerdote: «Es capaz de tratar con delicadeza a aquellos que están en ignorancia y se han desviado, sabiendo que él mismo está sujeto a debilidad.» (Heb. 5:2 NRSV)

En conjunto a una descripción detallada de la compasión *de* Cristo, encontramos en Hebreos una compasión *para* Cristo. En todos los versículos anteriormente citados, la vulnerabilidad de Cristo al sufrimiento, y su experiencia de sufrimiento, son descritas. En el transcurso de su vida, Jesús le oró y suplicó a Dios «con gran llanto y lágrimas» (Heb. 5:7), según el autor, quien percibía que su misión, por naturaleza, traía consigo el sufrimiento. (Heb. 5:8,9)

En el capítulo 12, nos encontramos con una referencia al sufrimiento sobrellevado por nuestra redención, tanto en lo físico como lo psicológico. La vergüenza de la cruz y la hostilidad de los pecadores son mencionadas (Heb. 12:2-3), mostrando una gran percepción al aspecto emocional de lo que Jesús llevó. En el capítulo 13, somos amonestados a «ir con Jesús fuera del campamento», en el sentido de estar dispuestos a sufrir su «vituperio». (Heb. 13:12-13)

La idea de sufrir juntamente con aquellos que se encuentran en dolor tanto físico como psicológico, es muy característico del autor. Nuestro retrato psicológico empieza a revelar un individuo inusualmente compasivo, que es capaz y dispuesto a compartir las emociones de otras personas, y los toma en cuenta con una ternura especial.

Esta persona amonesta a otros a mostrar estos mismos sentimientos. En el capítulo 10, los lectores son animados a recordar sus propias pruebas. Hay una referencia interesante en Heb. 10:33 que nos habla de ser socios con aquellos que son maltratados. Esta situación era al igual de ser maltratado uno mismo.

La compasión hacia aquellos que estaban encarcelados es recordada y de hecho elogiada. (Heb. 10:34) En las palabras del autor:

Acuérdense de los que están en la cárcel, como si estuvieran con ellos; y aquellos que son torturados, como si vosotros mismos son torturados. (Heb. 13:3)

Encontramos un ejemplo interesante de la naturaleza compasiva del autor en Heb. 11:21. Aquí nos relata el autor sobre el anciano Jacob, y lo describe como uno que se apoyó sobre el extremo de su bordón al bendecir a los hijos de José. A. Nairne cita que «apoyarse sobre su bordón» es una «añadidura ociosa», de hecho, un «detalle patético». En realidad un ejemplo de la «imaginación compasiva» del autor. [1]

Es imperativo que nuestro retrato psicológico muestre compasión tal como empatía. Nuestro autor entendió muy bien los sentimientos y el razonamiento detrás la decisión que los padres de Moisés tomaron al esconderlo por tres meses después de haber nacido, con el propósito de salvar su vida. (Heb. 11:23) Las razones detrás de estos actos de fe fueron: sus padres vieron que Moisés era un niño hermoso y no tuvieron miedo al ir en contra de la ley decretada por el rey.

Debemos considerar una declaración muy revelante: cuando Moisés había crecido, *rehusó llamarse hijo de la hija de Faraón.* (Heb. 11:24) El autor entendió que la hija de Faraón veía a Moisés como su hijo. James Alexander Robertson, un erudito que apoyaba la teoría Prisciliana de Harnack, tenía esto que decir sobre los comentarios acerca de Moisés:

> La ternura expresada al explicar por qué los padres escondieron al niño Moisés es sorprendente — «*porque le vieron niño hermoso.*» También la descripción del acto de fe que Moisés ejerció — «*rehusó llamarse hijo de la hija de Faraón.*» [2]

Sí, por fe, Moisés huyó de la corte de Egipto prefiriendo unirse a sus hermanos israelitas. Pero aquí encontramos algo en que pensar, *su decisión trascendental fue puesta en términos de la relación entre él y su «madre adoptiva.»*

Estos puntos son hechos en conexión a los comentarios

hechos de Moisés en el capítulo 11 de Hebreos. Primero, el acto de su madre (padre y madre, en la traducción griega conocida al autor) narrado en Éxodo, capítulo 2, fue elevada a una acto ejemplar de fe. Segundamente, una mujer, más probablemente que un hombre, fuera capaz de pensar en la discordia causada en la relación entre Moisés y la hija de Faraón.

Ahora pongamos nuestra atención en las citas del Antiguo Testamento usadas por el autor. Ya discernimos una descripción conmovedora de Jesús, y como Josephine Mássyngberde Ford lo dijo, «vislumbres de una parte del carácter de Jesús ... que serían especialmente atractivas a una mujer —la compasión, la ternura y un entendimiento de la debilidad humana.» Sigue diciendo que:

> No hay otra literatura Nuevo Testamentaria que presente tan específicamente ese hermoso balance entre la naturaleza humana y divina de Jesús ... tan claramente como la Epístola a los Hebreos lo hace.[3]

Un ejemplo iluminante es el que encontramos en Hebreos 8:9, donde el autor cita Jeremías 31:32. Aquí Dios es mostrado como uno que toma a la gente de Israel de la mano y la encamina fuera de Egipto. George Wesly Buchanan escribe en su comentario:

> La imagen de un padre tomando la mano de su pequeño hijo con la intención de que no se pierda o lastime, es pintada de nuestro Señor...[4]

Otro ejemplo es la referencia hecha a Melquisedec en el séptimo capítulo. Primero el autor nos da una «mini lección», analizando la definición literal de «Melquisedec, Rey de Salem.» Se nos dice que el título se refiere a «Rey de Justicia, Rey de Paz.» Esta corta enseñanza apunta al interés que el autor tiene en la educación. El versículo tres nos relata que Melquisedec es «sin padre y madre» —una frase comúnmente usada en tiempos antiguos para referirse a un ser sobrenatural. Sin embargo, como anotó J.A. Robertson, puede ser percibida «una cierta patetismo». ¿Cuál fue el razonamiento del autor al describir a Melquisedec como huérfano? ¿Fue simplemente un modismo convencional o fue una percepción repentina llena de compasión?

Robertson, al igual que otros eruditos, encuentra que «El autor está muy interesado en hechos que tengan que ver con la paternidad y la niñez»,[5] y cita ejemplos.

Antes de ver estos ejemplos, le animo que lea la epístola y busque referencias a la niñez, la educación, y la disciplina en la familia.

¿Has hecho una pausa en Heb. 5:11-14? En este pasaje, el autor regaña a los lectores por ser inmaduros y enfatiza la educación de sus facultades morales. ¿Viste también el pasaje en el capítulo 12 sobre la disciplina de los padres? «Dios los está tratando como hijos, pues ¿qué hijo existe al cual su padre no le disciplina?... Más bien teníamos padres humanos quienes nos disciplinaban, y aun así los respetamos...» (Heb. 12:7-11) (NRSV)

El autor tiene mucho más que compartirnos sobre la disciplina paternal, al haber pensado profundamente sobre el tema. Se nos dice que los padres humanos, no al igual que Dios, son capaces de ser falibles en su juicio. «Nos disciplinaron... a su mejor juicio», ... v.10. «A su mejor juicio» —por implicación nos dice que no siempre alcanzan los resultados deseados para sus hijos. Y además su instrucción es «sólo por un corto tiempo», terminando cuando el niño llega a ser adulto. [6] Literalmente, el tiempo de la disciplina es sólo por «unos cuantos días», Una reflexión tan nostálgica sobre la brevedad de la niñez nos parece más como maternal en lugar de paternal.

En lugar de reglas: «Hijos, obedeced a vuestros padres», y «Padres, no provoquen sus hijos a ira», como leemos en Colosenses 3:20-21 y Efesios 6:1, 4, el autor nos habla de los matices de una relación dinámica cambiante con una tristeza inconfundible.

Al construir un perfil psicológico, considere que el tono de estas amonestaciones es femenino. Es decir, ¿le suena a Pablo, Apolos o Bernabé? O quizás, ¿será que el tono le hace pensar más en su madre?

Para resumir, hasta este punto: la preocupación del autor en cuanto a la educación es una característica muy presente —abarcando desde la educación moral de los hijos hasta la instrucción de los principios de la fe para todos los creyentes.

Simpático y compasivo, el autor entiende bien el sufrimiento físico y mental de Jesucristo, así como aquellos que sufren por su fe.

Continuando con nuestro perfil psicológico: varios comentaristas refiriéndose al estilo del autor hablan de una delicadeza de expresión impresionante. Nairne describe el uso de palabras como: «pureza clásica», «carácter distinguido del vocabulario», y «meticuloso.» La sutileza al escribir seguramente revela un carácter sutil. ¿No es entonces la delicadeza de expresión una revelación de una personalidad refinada y elegante? No sería necesario ir muy lejos para caracterizar a este escritor como culturado, perfeccionista y grácil.

Un comentarista moderno declara: «En esta epístola encontramos la mejor composición griega del Nuevo Testamento. Tan delicada y persuasiva es que son varios lo que creen que pueden discernir el toque de una mujer» —y consideran que Priscila, siendo muy buena amiga de Pablo, pudiera haber sido la autora. [7]

Mildred A.R. Tuker abogaba mucho por la teoría de Harnack. Escribió un artículo titulado, «El Evangelio Según Prisca» publicado en el año 1913.[8] Ella declaraba que aunque encontremos similitudes en teología y temas expuestos, los escritos de Pablo y los del autor de Hebreos son muy distintos. En Heb. 13:4, Tuker encuentra una alusión dignificada hacia la moralidad personal, puesta en términos igualados. No hay exageración. No se dice nada explicito. Ni tampoco se ve alguna diferencia entre los sexos.

Tuker dijo: El hecho de que Pablo aceptó a Priscila así como otras mujeres como compañeras en la proclamación de la fe ha sido desenfocado por ciertos comentarios «diseñados para sujetar un sexo al otro.» Tuker nota que en ninguna parte de Hebreos se encuentran comentarios como estos.

Pero hace una pausa en el capítulo 13 y los versículos 18 y 19 para observar una peculiaridad: el autor exhorta «orad por nosotros ... y más os ruego que lo hagáis, para que yo os sea restituido más pronto a vosotros» (o «muy pronto»). A propósito, las palabras «y más os ruego» en Heb. 13:19 pueden ser traducidas de una manera natural como «os pido con todo mi corazón» o «con todas las fuerzas que tengo os pido.»[9]

Quizás sea subjetivo, según Tuker, pero en este caso, la fraseología «os ruego que oréis más para que yo os sea restituido más pronto» le pareció más probable de una mujer el cambiar de singular a plural, que un hombre:

«no es natural que Aquila escribiera: 'Orad por nosotros ... Y más os ruego que lo hagáis así, para que yo os sea restituido más pronto.' Es natural y afectuoso en Priscila.»

Antes que dejemos estos versículos tan intrigantes, veámoslos una vez más: «Orad por *nosotros*: (pues *confiamos* en que *tenemos* una buena conciencia...) Y más os *ruego* que lo hagáis (orar) así, para que *yo os sea* restituido más pronto.»

El cambio de singular a plural es provocativo, porque oración por más de una persona es pedida; indicando que más de una persona está apartada de los lectores. ¿Por qué pues el uso singular de «para que *yo* os sea restituido»? Se entiende el uso singular de «os *ruego*», pues sólo una persona escribe. ¿Pero por qué «orad por *nosotros*... para que *yo* os sea restituido...»?

Una explicación razonable es que el autor representaba a una pareja casada. Por causa de afinidades teológicas de esta epístola con las cartas de Pablo, e instancias de fraseología similar, (y la referencia a Timoteo) tendremos que buscar al autor dentro del círculo íntimo de los colegas de Pablo. Además, como estos versículos lo sugieren — y así como Harnack proponía, debemos estar buscando una pareja casada cercana a Pablo.

Tomemos una última mirada a las mismas dos citas, esta vez con atención al tono disculpante del versículo 18: «pues confiamos en que tenemos buena conciencia, deseando conducirnos bien en todo.» Un erudito moderno, Gilbert Bilezekian, compara este versículo con la solicitación en Hebreos 13:22: «Os ruego, hermanos, que soportéis mi palabra de exhortación, pues os he escrito brevemente.» (O, «pues en verdad sólo hasta un cierto punto os he dado órdenes.»)

Relata que la autoría Prisciliana explicaría «un número de peticiones por credibilidad semi-disculpantes encontradas en la epístola», incluyendo los dos ejemplos previamente citados. Bilezekian continua diciendo que tales declaraciones «parecen mostrar un estorbo a la posición del autor sin constituir una razón para descalificación como un doctor de la iglesia.»

Bilezekian continúa:

Esta teoría (Priscila) también explicaría las palabras desconcertantes dadas por el autor antes de entrar en doctrina profunda, «Esto haremos si Dios lo permite» (Heb. 6:3). Antes de expresar confianza en que la muerte no vendría con la siguiente palabra escrita, esta declaración parece apelar a la autoridad divina en pasar a las dimensiones más profundas de la fe cristiana. Igualmente, el hecho que mencione el autor sus planes de viaje como compañero de Timoteo, tuviera sentido en una mujer, una mujer maestra en búsqueda la garantía del apoyo de un discípulo de Pablo...

Tales referencias dadas por el autor sirven como indicaciones sutiles, mostrando que entiende las limitaciones concernientes a su posición, en un lenguaje cifrado comprensible a aquellos que conocen su identidad. [10]

También nota Bilezekian un tono de deferencia hacia los líderes espirituales, hasta insinuar que esta carta fue escrita bajo sus auspicios. Esto, comenta, explicaría la naturaleza curiosa de este documento, que es a la vez una carta y una tesis. Un escritor del quinto siglo, Theodoret, dijo algo muy interesante sobre la exhortación en Heb. 13:17:

«Obedeced a vuestros pastores, y sujetaos a ellos; porque ellos velan por vuestras almas, como quienes han de dar cuenta; para que lo hagan con alegría...»

Theodoret dijo:

Esta manera de escribir insinúa que sus líderes no necesitaban tal instrucción; por esta razón (el autor) no escribió a ellos sino a sus discípulos[11]

Otro autor, Daniel Whitby, alrededor del año 1700, hizo una observación similar:

Por consiguiente, es evidente que esta carta no fue escrita para los obispos o el liderazgo, sino que más bien fue escrita para toda la iglesia, o los laicos...12

Todas estas consideraciones le dan credibilidad a la observación de que el autor estaba de alguna manera limitada a pesar de obviamente estar en una posición de liderazgo.

Enfoquémonos otra vez en Heb. 13:17: «Dejadlos (sus líderes) hacer esto con gozo y no quejándose — pues esto sería dañino para vosotros.» (NRSV). ¿No te parece que una mujer, más probablemente que un hombre, expresaría preocupación por la alegría de los líderes de la iglesia? Esa preocupación se extiende hacia el rebaño: si los líderes no están felices, el rebaño sufrirá los resultados.

Tacto tierno y diplomacia caracterizan la epístola. Desde la primera oración, la validez de la revelación de Dios en el pasado es asumido: Dios habló a los antepasados de los lectores y por medio de los profetas; hoy esa revelación es llevada más allá, por medio de un Hijo (Heb. 1:1). Cuando los héroes de la fe son enumerados en el capítulo 11, sensibilidad es dada por el pasado de los lectores. Según Peake:

...así como en partes previas de la epístola, también aquí sus tácticas tienen un sentir conciliador. Busca un punto de contacto con sus lectores, e intenta hacerles entender que lo que es más de valor a ellos es en verdad lo que apoya la posición a la cual los quiere traer. Dijera, 'Simpatizo con su gran entusiasmo con todos los héroes ... pero mejor es para ustedes seguir sus ejemplos, no en recaer a la plataforma religiosa que ocupaban, más bien en lealtad a Jesús, la persona suprema de la historia.'[13]

«¿El autor es *femenino*?» A nuestra primera pregunta hemos juntado bastante evidencia para mostrar estilo femenino y punto de vista. En nuestra segunda pregunta, «¿Se *identifica* el autor *con las mujeres*?», investigaremos si las mujeres de fe y su parte en la historia religiosa son tomadas en cuenta —y por implicación, su igualdad delante de Dios. Este tema era relevante en tiempos apostólicos, y lo sigue siendo hoy en día. Una respuesta afirmativa a *las dos* preguntas constituiría evidencia poderosa a favor de una autora femenina.

Notas al Capítulo Tres

1. Alexander Nairne, *The Epistle to the Hebrews* (Cambridge: Cambridge University Press, 1957), p. cliv.

2. James Alex Robertson, *The Hidden Romance of the New Testament* (Boston: The Pilgrim Press; London: James Clark & Co., Ltd. 1923) p. 179.

3. J. Mássyngberde Ford, «The Mother of Jesus and the Author of the Epistle to the Hebrews», *The Bible Today* 82 (1976) p. 684 (Collegeville, MN: St. John's Abbey).

4. George Wesley Buchanan, *The Anchor Bible: To the Hebrews* (N.Y.: Doubleday, 1972) p. 138.

5. Robertson, op. cit., p. 179.

6. Kenneth S. Wuest, *Wuest's Word Studies: Hebrews in the Greek New Testament* (Grand Rapids: Eerdmans Publishing Company, 1947), p. 219-220.

7. Bruce Barton, *The Book Nobody Knows* (Cutchhogue, N.Y.: Bucaneer Books, 1992), p. 99.

8. Mildred A.R. Tuker, «The Gospel According to Prisca», *Nineteenth Century* 73 (1913) 81-98.

9. Paul Ellingsworth and Eugene A. Nida, *A Translator's Handbook on the Epistle to the Hebrews* (London, NY, Stuttgart: United Bible Societies, 1983), p. 333-4.

10. Gilbert Bilezekian, op. cit., p. 302-3.

11. Adam Clark, *Introduction to The Epistle of Paul the Apostle to the Hebrews*, p. 670.

12. Ibid.

13. Arthur S. Peake, *The Heroes and Martyrs of Faith (Studies in the Eleventh Chapter in the Epistle to the Hebrews)* (London: Hodder and Stoughton, 1910), p. 18, 19.

CAPÍTULO CUATRO

CONSTRUIMOS UN PERFIL PSICOLÓGICO

¿SE IDENTIFICA EL AUTOR CON LAS MUJERES?

Al estudiar el capítulo 11 de Hebreos, una pregunta naturalmente, lógicamente e inevitablemente surge: «¿Se identifica el autor con las mujeres?» El autor reconoce el valor y ejemplo dado por mujeres líderes en la historia religiosa y eso que hasta un punto extraordinario. De hecho, el capítulo 11 comúnmente conocido como el capítulo de «los héroes de la fe» fuera mejor nombrado como «Los héroes y heroínas de la fe.»

Una lectura superficial del capítulo nos revela que dos mujeres, Sara y Rahab, son mencionadas por nombre entre los «héroes de la fe.» Después, nos encontramos con una referencia curiosa de «mujeres que recibieron sus muertos mediante resurrección.» Finalmente el autor termina el capítulo diciéndonos que a pesar del gran mérito de todas estas personas, su fe —juntamente con la nuestra— todavía no había sido perfeccionada en Jesús. Por lo tanto, podemos concluir que las mujeres que recibieron sus muertos por resurrección no eran de tiempos nuevos testamentarios sino más bien del Antiguo Testamento. *No pueden ser mencionadas por nombre porque sus nombres no son registrados en la escritura.* Sin embargo, se alude a dos mujeres específicas: la viuda de Sarepta cuyo hijo fue resucitado por Elías después de haber muerto (I Reyes 17:8-24) y la mujer Sunamita cuyo hijo fue resucitado por Eliseo (II Reyes 4:18-37).

El autor de Hebreos nos relata sobre la fe de estas dos mujeres —fe que permitió que estos eventos milagrosos tomaran lugar. Es muy razonable pensar que si un hombre estuviera contando la historia, fuera relatada en diferente forma, quizás con Elías y Eliseo como protagonistas que hicieron hazañas milagrosas por medio de su fe.

De hecho, un hombre *si* contó la historia. Se llamaba Siríaco y su historia se encuentra en su libro apócrifo, Sirach, también conocido como Eclesiásticos.

> «¡Cuan glorioso fuiste Elías, en tus obras maravillosas!... Levantaste un cadáver de la muerte y del Hades, por la palabra del Altísimo...»
>
> (Siríaco 48:4-5)

En cuanto a Eliseo, se nos dice por Siríaco:

> «Eliseo ... hizo ... maravillas con cada palabra pronunciada ... Nada fue muy difícil para él, y aun cuando estaba muerto, su cuerpo profetizó.»
>
> (Siríaco 48:12-13)

Esto es muy diferente a decir que mujeres, por medio de la fe, recibieron sus muertos por resurrección. No se quiebre la cabeza buscando a mujeres en la lista de «Héroes de Fe» en el libro de Siríaco. Su libro empieza con estas palabras: «Alabaremos a hombres famosos» (Eclesiásticos 44:1 REB) y es eso lo que exactamente quiere hacer.

El autor de Hebreos estaba familiarizado con la lista de héroes en Eclesiásticos, pues era parte de la Septuaginta Griega. A propósito, Hebreos sigue el mismo orden de Eclesiásticos al mencionar Enoc, Noé, Abraham y Moisés. Sin embargo, mientras Siríaco menciona a Abraham, no menciona a Sara y cuando exalta a Josué, no menciona a Rahab. Al contrario, el autor de Hebreos alude a Josué sin dar su nombre pero sí registra el nombre de Rahab por su participación en ayudar a los espías de Josué. Existe una referencia a Rahab en Santiago 2:25 donde se describe como una que fue «justificada por obras» en salvar a los espías. Pero en Hebreos hay un diferente «enfoque»:

«Por la fe Rahab la ramera no pereció juntamente con los desobedientes, habiendo recibido los espías en paz.»

Clemente de Roma declara dos veces que Rahab actuó en fe (I Clemente 12). El añade un nuevo elemento del discernimiento espiritual de Rahab: «...no sólo fe, también profecía, se encuentra en la mujer.» [1]

Tanto el texto Másorico (Hebreo) de Josué 2:1 — como la Septuaginta Griega usada por el autor — describen a Rahab como ramera. Puede ser y de hecho ha sido argumentado que la inclusión de Rahab, una ramera, como héroe de la fe es de poca credibilidad. Pero allí está en el capítulo 11, y el autor (o autora) lo puso allí.

Sin embargo, pudiera ser iluminante poner mucha atención a Rahab, y como ella fue percibida en la antigüedad. Josefo, el historiador del primer siglo, junto con algunos autores rabínicos, no pensaban de Rahab como ramera, sino más bien como mesonera.

Josefo reporta que Rahab sabía de la victoria eminente de los israelitas por medio de señales de Dios. El Profesor A.T. Hanson sugiere que Josefo, al presentar a Rahab como profetisa, construyó un puente entre el Nuevo Testamento y I Clemente. [2]

Quizás fue o no fue Rahab una prostituta. Se nos recuerda de María Magdalena, quien «se convirtió» en prostituta en el cuarto siglo, aunque nunca fue considerada como tal por la iglesia primitiva. En realidad, varios manuscritos hablan de Rahab, la *según se dice*, prostituta [3] (El uso de bastardilla es mío.)

Es muy posible que Rahab hubiera sido una mesonera respetable. G. Verkuyl, al escribir *The Bible Translator (El Traductor de la Biblia)*,[4] afirma que la palabra *zona* puede ser también traducida como «mesonera», y favorece esa traducción por las cualidades personales de Rahab. Explica que Rahab dirigía un mesón, y como mujeres no viajaban en esos días, sólo hombres se hospedaban. Verkuyl cree que es posible que tales mujeres siempre fueran conocidas como «rameras». D.J. Wiseman sugiere que la palabra hebrea *zona* denota «el actuar en una manera amigable con un enemigo» y lleva consigo no más estigma que hacerse amigo de aquellos que son leales a un poder extranjero. [5]

En cuanto a las cualidades personales de Rahab, no sólo creía en Dios, pero también tuvo discernimiento espiritual al percibir divinidad en la misión israelita. Verkuyl también hace notar que Rahab era trabajadora: los manojos de lino sobre su techo necesitaban ser preparados y después serían convertidos en tela de lino y pabilos de aceite de linaza. Además, estaba muy unida a su familia — padres, hermanos, hermanas, sus cónyuges e hijos; su seguridad era de suma importancia para ella.

Su devoción a su familia evidentemente fue reciprocada, pues sabía que ellos confiarían en ella lo suficiente al aceptar santuario en su casa y no se detuvieran por un segundo al traer a sus hijos en su casa. En otras palabras, ella era aceptada como miembro de la familia—algo no comúnmente considerado de prostitutas.[6] Finalmente, Rahab es nombrada por Mateo como mujer de un hombre líder en su comunidad. Todo esto no concuerda con la tradición aceptada de que Rahab fue ramera. En todo caso, por medio de la fe y arrepentimiento, su vida fue tocada y cambiada por el drama divino del cual ella jugó un papel destacado.

Sara, la viuda de Sarepta, la mujer Sunamita, y Rahab no fueron las únicas mujeres mencionadas en el capítulo 11 de Hebreos. Hay otras, aunque su presencia no es inmediatamente obvia.

J. Rendel Harris, un erudito que apoya la tesis de Harnack, identifico a Judit, en el Apócrifo, como la persona que «saco fuerzas de debilidad, se hizo fuerte en batalla, (y) puso en fuga ejércitos extranjeros» (Heb. 11:34).[7] Harris señala que cada cláusula en esa sección de Hebreos se refiere a una persona o grupo de personas específicas en la Biblia. Por ejemplo, «taparon bocas de leones» ciertamente se refiere a Daniel.

Harris demuestra que Clemente de Roma, el autor del primer siglo quien cita bastantemente Hebreos, automáticamente identifica a Judit con Heb. 11:34. Por ejemplo, Clemente, siguiendo a Hebreos, escribe:

Muchas mujeres fueron hechas fuertes por la gracia de Dios.

La frase paralela en Hebreos es:

Sacaron fuerzas de debilidad.
Otra vez, Clemente escribe:
Hicieron obras varoniles;
La frase correspondiente en Hebreos:
Se hicieron fuertes en batallas.
Judit, una mujer devota, suplicó a Dios en oración por fuerzas para vencer a los Asirios. Oró, «Dame, que soy viuda, la mano fuerte para hacer lo que he planeado» (Judit 9:9). Luego, todavía consciente de su debilidad, oró, «¡Dame fuerzas en este día, oh Dios y Señor de Israel!» (Judit 13:7 NRSV). Su obra valiente fue el matar al general de los Asirios, Holofernes, con la espada—una obra no dada a mujeres, y por lo tanto, «varonil».

Clemente escribe:
Judit salio hacia el campamento de los extranjeros.
Hebreos dice:
puso en fuga a ejércitos extranjeros.
En este caso, el ejército extranjero puesto en fuga es el de los Asirios. Al descubrir la muerte de Holofernes, huyeron en gran pánico (Judit 15:2-3).

A propósito, Clemente añade también el nombre de otra mujer—Ester—bajo la categoría de ejemplos de fe. Dice esto:

A una situación igualmente peligrosa, Ester quien fue perfecta en fe, se expuso para librar a las doce tribus de Israel, cuando ellos estaban a punto de ser destruidos.[8]

Harris comenta que la referencia a Ester, después de Judit, con tal terminología como «perfecta en fe», nos lleva a Hebreos. Así sugiriendo que Ester se encuentra también en la lista de héroes en la fe. Quizás, dice Harris, «evitaron fila de espada» (Heb. 11:34) puede ser la referencia a Ester. En Ester

4:11 se nos dice que no había perdón para aquella persona que entraba en el patio interior del rey sin ser llamado, salvo aquél a quien el rey extendiera el «cetro de oro» (o espada). Sin embargo, Ester escapó de esa espada.

Hay más. Encontramos en Hebreos idioma similar al libro apócrifo, IV Macabeo, muy probablemente, el último libro de la Biblia del autor. Tal idioma como, «anduvieron de acá para allá cubiertos de pieles de ovejas y de cabras... errando por... montes... y... cavernas de la tierra...» es un eco de II Macabeo 10:6; «...ellos habían errado en los montes y cavernas de la tierra como animales salvajes.»

¿Qué tiene que ver esto con mujeres héroes de la fe? El libro de Macabeo se preocupa por el alabar a la madre y sus siete hijos quienes prefirieron ser hechos mártires en lugar de renunciar a su fe. Los hijos fueron exhortados por su madre a estar firmes en su fe y fueron torturados y finalmente asesinados; la madre entonces cometió suicidio.

El autor de Macabeo escribió: «Vindicaron a su nación, mirando hacia Dios y soportando la tortura hasta la muerte» (4 Macabeo 16:10). ¿Le suena? Debe. Así como estos testigos perseveraron en la fe, mirando hacia Dios y resistieron hasta el punto de derramar su sangre, nosotros somos aconsejados a «correr con paciencia la carrera que tenemos por delante, puestos los ojos en Jesús, el autor y consumador de la fe... el cual... sufrió la cruz... porque aún no habéis resistido hasta la sangre» (Heb. 12:1-4).

Para resumir hasta este punto, hemos nombrado o identificado las siguientes mujeres en el capítulo 11 de Hebreos: Sara, Rahab, la viuda de Sarepta, la mujer Sunamita, Judit, Ester, y la madre de siete hijos. Antes de salir de este capítulo, tendremos que hablar de la primera heroína de fe nombrada, Sara. *Una controversia se ha desarrollado alrededor de la posición que ocupa Sara en la lista, y ciertos puntos tendrán que ser resueltos.* El versículo cuestionado es Hebreos 11:11. En la versión RSV dice:

Por la fe, la misma Sara recibió fuerzas para concebir, y dio a luz aun fuera del tiempo de la edad, porque creyó que era fiel quien lo había prometido.

Este versículo sigue tres oraciones en las cuales la fe de Abraham es descrita de la siguiente forma:

Por la fe Abraham, siendo llamado, obedeció para salir al lugar ... por la fe habito como extranjero en la tierra prometida como en tierra ajena ... porque esperaba la ciudad que tiene fundamentos, cuyo arquitecto y constructor es Dios.

De inmediato le sigue el versículo: «Por la fe también la misma Sara...» El pronombre femenino «misma» es intensivo — esto es, el pronombre es innecesario y se usa sólo para enfatizar. En la forma más simple y directa, Sara está en el término nominativo, es decir, ella es el sujeto. Sin embargo, algunos comentaristas dicen que Abraham es el sujeto, no Sara, haciéndolo el único ejemplo de fe en esta serie de oraciones. En algunas versiones como la NSRV (New Standard Revised Versión) y la NVI (Nueva Versión Internacional) han sustituido el nombre de Sara con el de Abraham, haciendo a Sara una nota a pie de página en lugar del ejemplo de fe que es.

Harold W. Attridge, el autor de un comentario comprensivo y reciente sobre la Epístola a los Hebreos, dice que el argumento en contra de Sara como el sujeto de Hebreos 11:11 es «el hecho de que *la Sara de Génesis no es creyente sino más bien una escéptica entretenida.*» [9] El segundo argumento en contra es que el contexto favorece a Abraham como sujeto.

Considere el primer argumento de que Sara no es un modelo

de fe: no es digna o un ejemplo lógico. (Es muy difícil explicar entonces como el autor de Hebreos pone a Rahab como un ejemplo lógico de fe y no a Sara).

Recuerde, estamos construyendo un perfil psicológico del autor. Si en verdad Sara es un ejemplo discutible, tenemos que decir que el autor estuvo dispuesto a pasar por alto sus «fracasos» y verla en una luz favorable. Tal vez una mujer, más probablemente que un hombre, pasaría por alto el escepticismo inicial de Sara. Después de todo, casi ningún otro comentarista ha estado dispuesto a hacerlo en el pasado.

O puede ser que el autor estudió otra vez el escepticismo de Sara de un diferente punto de vista y ahora es tiempo que nosotros lo hagamos también.

El incidente bajo investigación se encuentra en el capítulo 18 de Génesis. Tres mensajeros sobrenaturales le anuncian a Abraham que Sara concebirá y dará a luz a un hijo. Sara escucha la conversación y siendo ya pasada de la edad de concepción, se ríe a si misma. Hasta aquí *nadie le ha dicho algo directamente a ella* y, a diferencia de Abraham, no ha tenido la oportunidad de evaluar la autoridad o el carisma sobrenatural de estos mensajeros. Además ni se le preguntó a Sara por qué se rió, más bien se le preguntó a Abraham: «¿Por qué se rió Sara...?» Aparentemente cuando Sara por fin tuvo la oportunidad de evaluar al mensajero, estuvo anonadada y tuvo miedo, y en su temor se rehusó a reírse.

¿Despediremos pues a Sara como solamente una escéptica entretenida? Aún no.

Ahora considera el capítulo 17 de Génesis (v. 15-17). «Dios le dijo a Abraham»—esto no fue un mensaje indirecto de parte de un trío de visitantes, sino más bien una revelación del cielo: «Dios le dijo a Abraham, 'En cuanto a tu mujer Sara... Yo la bendeciré, y también te daré de ella un hijo. La bendeciré, y además vendrá a ser madre de naciones; reyes de pueblos vendrán de ella'.» Antes de despedir a Sara a quien Dios prometió dos veces bendecir — observa la reacción de *Abraham* al oír la promesa divina:

> Entonces Abraham se postró sobre su rostro, y se rió. (Génesis 17:17)

¡Por favor visualiza esto! En la Revised English Bible (Versión Revisada de Inglés) tenemos esta traducción: «Abraham se inclinó, y riéndose se dijo a sí mismo...» Ahora, cuando Dios se le apareció a Abraham para hacer un pacto con él (Gen. 17:3), encontramos la misma traducción: «Abraham se inclinó.»

Cuando leemos en el versículo 17 que se inclinó, podemos tener la impresión de que Abraham estaba rindiendo reverencia al humillarse a sí mismo. Pero no fue así. Podemos ver más claramente en el versículo 17 lo que en verdad pasaba en la versión NRSV de Gen. 17:17: «Después Abraham se cayó sobre su rostro y se rió, y se dijo a sí mismo...» ¡Abraham se había caído en el piso porque se reía a carcajadas! Un escenario aun peor es pensar que Abraham disimuló, postrándose delante de Dios pero en su corazón riéndose al escuchar la divina revelación.

En todo caso, debemos preguntar: ¿Por qué es que el mundo se acuerda siempre de la risa apagada de Sara, del cual se arrepintió pronto en temor porque finalmente *sí creyó*? ¿Por qué es que el mundo se acuerda de su risa y la mantiene culpable, pero se les olvida de que Abraham cayó sobre su rostro vencido por la risa?

Regresemos pues a la pregunta: ¿Es Sara un modelo razonable de fe? ¿Por qué no? ¿La incredulidad primordial de Sara pesó más que la de Abraham? ¿Se rió más Sara que Abraham? Con todo esto un comentarista escribe, «es ... una interpretación generosa del texto el asumir que Sara ... (actuó) en fe.»[10]

Quizás esto es lo que debemos añadir al perfil psicológico del autor: la generosidad al evaluar la parte espiritual que jugó Sara en la historia de su nación — viendo su fidelidad natural en lugar de su confusión e incredulidad momentánea. En este caso, el autor fue un «feminista.»

El segundo argumento en contra de Sara como sujeto en Heb. 11:11 está centrado alrededor de la frase traducida en varias formas como:

se le permitió concebir (NEB)

recibió fuerzas para concebir (RSV)

recibió poder de procreación (NRSV)

Aquellos quienes creen que el texto pide la traducción «recibió poder de procreación» argumentan que Abraham es más lógicamente el sujeto de la oración. Para esa suposición existen varias refutaciones. La primera es que las palabras «se le permitió concebir» pueden ser traducidas «se le permitió fundar una posteridad», y esta traducción es completamente justificable. Es justificable lingüísticamente — y los léxicos griegos lo confirmarán — y *en contexto*.

En la oración que inmediatamente le precede a esta, se nos dice que Abraham esperaba la ciudad que tiene fundamentos, cuyo arquitecto y constructor es Dios. En la siguiente oración dice que a Sara se le permitió fundar una posteridad en el cumplimiento de la promesa de Dios. Según un comentarista:

...es posible que el autor hubiera intencionalmente comparado a los dos. Por un lado, había esa ciudad que tenía los fundamentos, que era la capital de una gran nación. Por el orto lado, estaba Isaac, el «fundamento» de un pueblo escogido, la simiente de Abraham, quienes eran destinados a ser herederos de la tierra prometida (11:9) y la ciudad que tenía los fundamentos (11:10). [11]

Aun si no especulamos la traducción «se le permitió fundar una posteridad»; aunque usemos «recibió fuerzas para concebir» o, «recibió poder de procreación», como se usa en la RSV, o, literalmente «de concebir semilla», el uso idiomático del autor puede todavía aplicar a Sara. [12]

En realidad, si seguimos insistiendo que Abraham es el único sujeto de Heb 11:11, tendremos que explicar por qué él, en lugar de Sara, está pasado de la edad de fertilidad — o, como dice en algunos manuscritos, pasado de la edad de embarazo.

Fijémonos una vez más en Heb. 11:11 y miremos lo que pasa cuando tratamos de poner a Abraham como el sujeto. En la NRSV leemos «Por fe *él* recibió poder de procreación, aunque *él* era muy viejo...» Ahora, el texto griego lee de la siguiente forma «pasado del tiempo normal de la edad», o idiomáticamente, «pasado de la edad *de embarazo*.» Varios manuscritos dicen, «ella dio a luz», esto es, «ella dio a luz pasado de la edad normal.» El leer «demasiado vieja» para «pasado de la edad de embarazo» o «pasado de la edad normal» ¡ciertamente pierde algo en la traducción! La NVI hasta se atreve de insertar el nombre de Abraham en el texto, cambiando «por la fe Sara» a «por la fe Abraham.»

Hay algo más que considerar. Si Sara no está en el caso nominativo, y el sujeto de la oración, entonces pues, ¿qué es exactamente, gramaticalmente hablando? Attridge le asigna el caso dativo a «la misma Sara», o en algunos casos, «la misma Sara estéril». El dativo pide un subíndice pequeñote la letra griega iota, el cual no hubiera sido indicado, y tiene que ser asumido. Attridge traduce la frase «La misma Sara aunque estéril» o «La estéril Sara misma» de la siguiente forma: «Con la participación de Sara.» Otro traductor sugiere que la referencia a Sara fue una cláusula circunstancial y lo pone de esta forma: «Por la fe, aunque Sara era estéril, él (Abraham)...).» Nota que el pronombre intensivo «la misma Sara» simplemente ha sido omitido. Traducciones alternativas se siguen haciendo más raras, con una propuesta de tratar a «la misma Sara» como un «dativo por aventaja», y nos entregan esto, «Es por fe que, para el beneficio de la misma Sara, él (Abraham)...»

La descripción de Sara como estéril o infértil se encuentra en un número de manuscritos importantes incluyendo el P46. Podemos traducir: «La misma Sara aunque estéril» o «la estéril Sara misma.» Si Sara aunque (previamente) estéril se le permitió fundar una posteridad, tenemos una combinación lógica de pensamiento. Si en verdad Abraham fue permitido fundar una posteridad aunque Sara era estéril, tenemos un problema en la estructura de la oración con la referencia a Abraham siendo pasado de la edad de la reproducción.

Si en lugar de traducir «fundar una posteridad» traducimos «procrear» o «concebir semilla» y Abraham es el sujeto, tenemos que hacer esta pregunta: ¿Existe una razón esencial por la cual mencionar que Sara fue estéril? Abraham, aun siendo viejo, pudiera haber engendrado un hijo que cumplió la promesa de Dios por medio de la fe. No importaría si Sara fuera estéril o no. La referencia a Sara como estéril es un poco gratuita y finalmente nos aleja de la idea de ver a Abraham como protagonista. Más aun, resulta en una circunlocución — «Por la fe fue permitido, aunque estaba pasado de la edad, y aunque Sara era estéril...»

Existen otros problemas estilísticos al poner a Abraham como el sujeto. El orden de palabras es flexible en el griego, pero sí hay límites lógicos. La traducción en la NRSV reorganiza las palabras dejando sólo «por fe» y la última cláusula en su lugar. Considere que tan forzado es el traducir: «Por fe el recibió poder de procreación, aunque estaba pasado de la edad correcta y la misma Sara era estéril.» Compare esto con el suave fluir de la siguiente traducción: «Por fe la misma Sara aun siendo estéril, fue permitida a fundar una posteridad...» y decida cual es incómodo y cual elegante en conformidad con el resto de la carta a los hebreos.

Para resumir, no hay buena razón para presumir subíndices de la letra iota y así convirtiendo «La misma Sara» en dativo. La adhesión más al texto, evidencia a la referencia de procrear pasada de la edad, y consideraciones estilísticas aseguran el lugar de Sara como el sujeto de Heb. 11:11 y como modelo de fe.

En nuestra búsqueda del autor de hebreos, otra vez, tenemos que visualizar que es lo que el autor pensaba de Sara — e ir más allá del punto de vista convencional de que Sara había caído de la gracia por haberse reído de la revelación de Dios. El autor de Hebreos sabía, así como todo creyente debe saber, que duda temporal, temor y denegación puede ser convertida en fe verdadera. Si no fuera así, ¿qué esperanza hay para nosotros que nos encontramos en esta peregrinación espiritual? Porque la fe crece.

La percepción del autor en cuanto a Sara puede aun diferir de la nuestra en otra manera. Conocemos a Sara como una matriarca Hebrea. Sin embargo, Savina Teubal, una investigadora en estudios antiguos del Oriente Cercano, sugiere que Sara previamente había sido una sacerdotisa mesopotámica, quien en un tiempo no pensaba tener descendientes biológicos. [13] Y así Sara fue un personaje más complicado con una posición espiritual más alta de lo que es aparente a nosotros.

Hay otra mujer mencionada en la lista de «héroes», pero no es nombrada. En Heb. 11:23 leemos: «Por la fe Moisés, cuando nació, fue escondido por sus padres (su madre así como su padre) por tres meses, porque le vieron niño hermoso, y no temieron el decreto del rey» (RV1960) La historia es relatada en Éxodo 2:1-4, y según Éxodo, la madre actuó sola — haciendo la decisión, preparando la canasta de papiro, colocándola a la orilla del rió, mientras la hermana del bebé vigilaba. En la Septuaginta o el Viejo Testamento griego — la Biblia del autor — se les acredita a los dos padres el esconder al bebé por tres meses. Pero note por favor que en la Septuaginta, el crédito sólo se le da a la madre por salvar la vida del niño.

«Cuando ya no era posible esconderlo, su madre tomó una arquilla y la calafateó con asfalto y brea, y colocó en ella al niño y lo puso en un carrizal a la orilla del río.» (Ex. 2:3)

Y sólo para reiterar, es en este capítulo que encontramos la referencia simpática a la hija de Faraón.

¿Por qué hay tantas mujeres mencionadas en el capítulo 11 o el capítulo de «Los héroes de la fe» de la carta a los hebreos? Ésta es una pregunta pertinente. La respuesta obvia es que una mujer lo escribió. Sin embargo, algunos preguntan por qué es que más mujeres no fueron incluidas — tales como Débora y Hulda. J. Rendel Harris escribió: «... no debe haber ninguna vacilación en decir... que el capítulo 11 se ha afeminado...si esto es correcto, se acaba de fortalecer el caso para Priscila como autora ... Estamos todavía algo sorprendidos en no encontrar una referencia definida a Débora, pero lo que sí hemos encontrado es evidencia positiva. Silencio en ciertos puntos queda entonces, sin importancia.» [14]

Estoy de acuerdo con Harris en su posición de que existe bastante evidencia para la inclusión de mujeres en el catálogo de Héroes. Efectivamente, su importancia es extraordinaria. El no incluir una mujer u otra no debe afectar nuestras conclusiones.

Gilbert Bilezekian discierne en el capítulo 11 una referencia al ministerio de tres diferentes mujeres. Aunque las mujeres en sí no están en el catálogo de héroes, su contribución a la historia religiosa se cubre. Encuentra en el versículo 32 tres pares de nombres que han sido cronológicamente invertidos para que el personaje más importante sea mencionado primero. Los pares son: Gedeón y Barac; Sansón y Jefté; y David y Samuel. El menor, en cada caso, preparó el camino o estableció el precedente para el mayor. Bilezekian nota que cada uno de los individuos debe su lugar en la historia a una mujer.

Bilezekian escribe:

> Barac obtuvo su victoria debido a Débora (Jueces 4-5), Jefté la suya debido al sacrificio de su hija (Jueces 11), y Samuel debió su ministerio a la dedicación de su madre Ana (I Samuel 1)... Ciertamente, al optar por usar el sutil recurso literario de invertir los nombres, el autor parece dar el mensaje de que Dios usó los ministerios discretos de las mujeres escogidas por Él para traer victorias que cambiarían el rumbo de la historia por medio de Gedeón, Sansón, y David. [15]

Bilezekian cree que referencias a mujeres en el capítulo 11 de Hebreos «ilustran las víctimas de la sagrada historia.» Por ejemplo, Sara originó el pueblo de Dios, Rahab facilitó su entrada a la tierra prometida, y Ana, por medio de Samuel, contribuyó a la ascensión de David. [16] Termina diciendo que la misma sutileza con la cual este tema es desarrollado «insinúa a la mano restringida de una mujer.»

Antes de dejar esta parte de nuestra discusión, quizás sea apropiado hablar sobre el nombramiento de Jefté como Héroe de la fe. Algunas personas creen que el sacrificio de su hija no lo califica como alguien digno de ser añadido a la lista de

Héroes de la fe, y de hecho una mujer autora no lo incluiría.

Hay algunas respuestas que se pueden dar a este argumento en contra de Priscila como autora. Primero, es posible que el autor simplemente no consideró el sacrificio de la hija de Jefté en ese contexto. Más bien, lo pudiera haber visto como un sacrificio que aseguró la victoria de Jefté. La segunda respuesta es que Jefté en verdad no mató a su hija, sino que la sacrificó en el sentido de dedicarla a una vida de servicio en el templo.

Solomon Landers, escribiendo en *Bible Review,* (¿Mató Jefté a su hija?), argumenta que es más que probable que el sacrificio de Jefté fue modificado y su hija no fue asesinada. El quemar en sacrificio a hijos o hijas era explícitamente prohibido por la ley Israelita, y visto como algo repulsivo. Por lo cual el voto que hizo Jefté era ilegal y no se pudiera haber anulado por el pago de una multa. Viendo que su hija, siendo humana y femenina, no era aceptable como un «sacrificio de holocausto», pudiera haber sido ofrecida en diferente forma.

Landers cree que la hija de Jefté fue sacrificada en el sentido de ser dedicada al templo como conserje, y así vivir su vida en perpetua virginidad, posiblemente en reclusión solitaria. Él nota que en varias traducciones bíblicas ella fue lamentada, conmemorada, canciones se cantaban de ella, y platicaban las hijas de Israel con ella (Jueces 11:40). [17] Algunos escritores rabínicos dicen que ella era visitada por las hijas de Israel cuatro días al año para hablar con ella y para consolarla. [18]

Landers termina diciendo que la excelente evaluación dada por el autor de Hebreos, así como el autor de Samuel, indica que los dos están de acuerdo con él en que la hija de Jefté no fue muerta sino entregada a «una vida solitaria como virgen.»

En conclusión, la presencia de mujeres es dominante en el capítulo 11 de Hebreos. Sus influencias son en todo caso noble, sus obras — esenciales en la actividad providencial de Dios, y su fe — un punto de referencia.

Analizamos un participio controversial: ¿Era el autor una mujer?

Hasta este punto de nuestra discusión hemos acumulado evidencia considerable que el autor de Hebreos fue femenina en perspectiva, intereses, y estilo de expresión. Puede haber poca duda que el papel jugado por mujeres en la historia religiosa es expuesto de una manera prominente, directamente y por alusión. Este es un momento apropiado para hablar de un participio griego que algunos comentaristas ven como un obstáculo descalificante a la autoría femenina.

El autor de Hebreos usó la frase idiomática «el tiempo me faltaría contando de...» (Hebreos 11:32). La palabra griega para «contando» es διηγούμενον (trascrito *diegoumenon*). Ahora, alguien ha dicho que el uso del participio *diegoumenon* «milita fuertemente en contra» de la teoría que Priscila lo escribió. ¿Razones? Primero, el participio es masculino. Segundo, una autora femenina lo pudiera haber dicho en muchas diferentes maneras, evitando así el participio, si quería ocultar su identidad. [19]

Viendo que varios comentaristas han usado este participio para descalificar a Priscila, una refutación es obviamente necesaria.

En el griego, todos los participios pasivos en el tiempo presente o futuro son declinados como adjetivos. Se ponen de acuerdo en género con el sustantivo o pronombre al cual se refieren. En esta frase, «contando», se refiere al pronombre «yo.» Estas son las terminaciones en la primera persona singular:

Nominativo		Acusativo
____μεν(ος)	(masculino)	____ μεν(ον)
____μεν(η)	(femenino)	____ μεν(ην)
____μεν(ον)	(neutral)	____ μεν(ον)

Es importante estar consciente de que en el texto el participio está en el caso acusativo. Las fórmulas masculinas y neutrales son idénticas, y *la femenina difiere por una sola letra.* Debemos considerar las siguientes posibilidades:

Primero — el participio fue originalmente femenino, y con un poco de modificación, fue alterado para proteger a la epístola del rechazo años después cuando se circularían copias desde Roma.

Segundo — el participio fue originalmente femenino y fue alterado como una represión deliberada de la identidad del autor en un tiempo cuando el liderazgo femenino en la iglesia era resistido.

Peake es un erudito quien sospecha que la terminación fue originalmente femenina. Si la fue, seguramente alguien la vio con intenciones siniestras y la hizo masculino. *Cambiando una sola letra* lo haría.

¿Puede haber alguna duda de que una sola letra pudiera haber sido alterada para cambiar la identidad del autor? Considere el destino comparable de Ninfa en Colosenses 4:15. En la RSV y Rev. English Bible leemos de saludos enviados a Ninfa y a la iglesia que está en la casa de ella. Pero Ninfa ha pasado por una metamorfosis en la King James Versión, New American Bible y la Reina y Valera, donde saludos son enviados a *Ninfas* y la iglesia que está en la casa de *él.*

En Romanos 16:7 hay un desacuerdo similar sobre *Junia,* una mujer ejemplar entre los apóstoles. También conocida como *Junias,* un *hombre* ejemplar entre los apóstoles. ¿La persona de quien hablamos es hombre o mujer? Sabemos que Junia era un nombre femenino común, pero la forma masculina del mismo nombre es sin documentación. Algunos manuscritos aun tienen «Julia.» Junia fue vista como mujer por *todos* los comentaristas —Juan Crisóstomo, Origen, Jerome, y otros, hasta el siglo 13 cuando Aegidius de Roma decidió al contrario. [20]

Cambiando una sola letra cambió el género de Junia y Ninfa. Ni Priscila se escapó de masculinización de su nombre. Un antiguo documento Siríaco enlaza «Priscus y Aquila», Priscus siendo la forma masculina de «Prisca.»[21] Esto a pesar de su identificación como la esposa de Aquila en Hechos 18:2.

La posibilidad de que el participio en Heb. 11:32, *diegoumenon,* fue alterado no puede ser descartado.

Peake no fue el único erudito quien pensó que esto ocurrió. J. Rendel Harris pensaba que pudiera existir un manuscrito con el participio femenino aunque nunca logró encontrarlo. Hay más que suficiente evidencia que los textos «occidentales» de los Hechos fueron cambiados para reducir la preeminencia de Priscila, y esto podrá ser otro ejemplo de la tendencia. [22]

Existe otra posibilidad. Amigos de Priscila pudieran haber cambiado la palabra para cubrir su género femenino y así esconder su identidad cuando copias empezaron a ser distribuidas años después, aunque, obviamente, su identidad era muy bien conocida a sus recipientes originales. Es decir, el documento fue alterado para protegerlo en un tiempo cuando el liderazgo de mujeres no era aprobado. Esto difiere a la represión deliberada porque el motivo es diferente.

O puede ser, como Harnack intimó, que «el tiempo me faltaría contando de» es una *forma literaria plural.* El autor de Hebreos característicamente vuelve de primera persona singular a primera persona plural. La forma literaria plural aparece en otra parte de Hebreos:

Heb. 2:5 «acerca del cual ESTAMOS hablando»

Heb. 5:11 «Acerca de esto TENEMOS mucho que decir»

Heb. 9:5 — «de estas cosas no PODEMOS hablar en detalle» (¿falta de tiempo, como en Heb. 11:32?)

Un autor femenino pudiera haber deseado usar el modismo «el tiempo me (nos) faltaría contando de», lo cual es de transición en pasar a la siguiente sección, y usado la forma singular en 11:32 *para variar su fraseología* de la forma plural en 2:5, 5:11 y 9:5.

Nuestro autor acostumbra usar diferentes expresiones por ser variado, según Ellingworth y Nida, especialistas en la traducción de Hebreos. El autor de Hebreos «es un artesano de la literatura», según ellos, a quienes consideraciones estilísticas tienen más peso que «diferencias de significados precisos.» [23]

Por esta razón, si la intención de Heb. 11:32 era un plural literario, el uso del participio masculino se explica. Bilezekian cree que Priscila, como mujer, estaba consciente de algunas limitaciones a su estatus y en esta perspectiva, el género del participio *diegoumenon* «no necesita ser más que un masculino editorial.» [24]

Hay otra posibilidad que ha sido principalmente pasado por alto: el neutral fue intencional. Un participio funciona como adjetivo, y un adjetivo neutral puede de vez en cuando referirse a un sujeto femenino. Según Blass y Debrunner, «Cuando el predicado se usa para un sujeto concebido como clase, el uso clásico pone el predicado adjetivo en el singular neutral, aun con sujetos de otro género.» [25] Viendo que la identidad del sujeto no es crucial en esta oración — puesto que el tiempo le faltaría a cualquiera en decir — el uso del neutral no es sin precedencia. En el Nuevo Testamento, Mateo 6:34 contiene un adjetivo neutral con un sujeto femenino. Otros ejemplos de géneros que no concuerdan se encuentran en 2 Cor. 2:6 y Hechos 12:3.

Sin postular la alteración de una sola letra, tenemos un participio que PUEDE SER masculino o femenino, y el neutral es un alternativo convincente en cuanto a forma e intención.

Cualquier escenario es plausible: (1) el participio es una forma literaria plural; (2) el neutral fue intencional y se refiere a un autor femenino; (3) el participio fue originalmente femenino y una sola letra fue alterada para reprimir la identidad del autor.

De allí en adelante fue inevitable que el nombre del autor fuera misteriosamente e inexplicablemente «perdido.»

Notas al Capítulo Cuatro

1. J.B Lightfoot, tr. And ed., finalizado por J.R. Harper «The Epistle of S. Clement to the Corinthians», *The Apostolic Fathers,* Grand Rapids: Baker Book House, 1970, p. 18.

2. El Rev. Professor A.T. Hanson, «Rahab the Harlot in Early Christian Tradition», JSNT I (1978) 53-60.

3. Lane, op, cit., Vol. 47B, p. 369.

4. G. Verkuyl, «The Berkeley Version of the N.T»., BT 2 (1951) 84-85. (*Bible Translator).*

5. Lane, op. cit., p. 379, citando D.J. Wiseman, «Rahab of Jericho», TynBul 14 (1964) 8-11.

6. Lane, op. cit., p. 379.

7. James Rendel Harris, Lecture V, «Sidelights on the Authorship of the Epistle of the Hebrews», *Sidelights on New Testament Research* (London: The Kingsgate Press, James Clarke and Co., 1908), p. 169-171.

8. Lightfoot, op. cit., p. 36.

9. Harold W. Attridge, *A Commentary on the Epistle to the Hebrews* (Hermeneia — A Critical and Historical Commentary on the Bible) (Phil.: Fortress Press, 1989) p. 325.

9. Buchanan, op. cit., p. 190.

11. Ibid.

12. Lane, op. cit., Vol. 47B, p. 345.

13. Savina Teubal's book is *Sarah the Priestess — The First Matriarch of Genesis* (Athens, OH: Swallow Press, 1984).

14. Harris, op. cit., p. 174.

15. Bilezekian, op. cit., p. 303-304.

16. Ibid., p. 304.

17. Solomon Landers, «Did Jephthah Kill His Daughter?» *Bible Review,* Aug., '91, Vol. VII No. 4, p. 28-31, 42.

18. Ibid., citando a Shoshanah, *Derekh Binah,* p. 177.

19. H.T. Andrews, «Hebrews», *The Abingdon Bible Commentary,* p. 1297-8.

20. Paul R. Smith, *Is it Okay to Call God «Mother?» Considering the Feminine Face of God* (Peabody, Mass.: Hendrickson Publishers, 1993), p. 112, n.12 citando a Aegidius, *Opera Exegetica,* Opuscula I in *Journal of Biblical Equality* (July 1992)44. También vea: Comfort, op. cit., p. 137; Ben Witherington III, *Women in the Earliest Churches* (Cambridge: University Press, 1988), p. 114-115; y James D.G. Dunn, «Romans 9-16», *Word Biblical Commentary,* Vol. 38 (Dallas: Word Books, 1988), p. 894.

21. Cureton, William. tr., *Ancient Syriac Documents Relative to the Earliest Establishment of Christianity in Edessa and the Neighboring Countries.* Preface by W. Wright. (Amsterdam: Oriental Press, 1967), p. 35. Vea nota, p. 173, citando «Priscila» en dos otros manuscritos.

22. Harnack; también Ben Witherington, «Antifeminist Tendencies of the 'Western' text in Acts», JBL 103:1 (1984) 82-4.

23. Ellingworth and Nida, op. cit., p. 2.

24. Bilezekian, op. cit., p. 303.

25. F. Blass and A. Debrunner, *Greek Grammar of the New Testament,* tr. And rev. by Robert W. Funk. (Chicago: The University of Chicago Press, 1961), p. 72-73, 76-77.

Capítulo Cinco

Vemos la formación de sospechosos

Imagine por un momento que hemos sido convocados a identificar a un autor entre una formación de sospechosos. Y de sospechosos no hay escasez. De la izquierda hacia la derecha, escaneamos el campo. Primero vemos a Pablo que con reticencia lleva en sus manos una pancarta que dice «Autor.» Ha estado allí por mucho tiempo y parece sentirse aliviado cuando alguien lo despoja de su pancarta. Nos enfocamos momentáneamente en Clemente de Roma, cuya expresión tan inocente desvía nuestra atención. A continuación tenemos a Bernabé, detenido en una investigación del tercer siglo compuesta para arrestar a un sospechoso. Pausamos. Parece ser culpable, pero tiene una cadena de buenas coartadas. A su derecha está el distinguido Apolos — un relativamente recién llegado, cuya presencia se puede acreditar a Lutero. Apolos será examinado muy detalladamente y últimamente será despedido, luego acompañado, pues él nos llevará al verdadero autor.

Una figura poca familiar es desconcertante. Su nombre

es Aristón, y al principio no sabemos por qué está aquí. Más adelante se nos dice que él se representa a sí mismo y a otros sospechosos menores, así como el hipotético «personaje desconocido.» Casi al final de la línea está Aquila, un recién llegado, y finalmente Priscila, la más nueva de todos, y coincidentemente, una mujer.

El propósito de una formación es identificar a una persona o personas, y escardar y despedir aquellos quienes están bajo sospecha. El propósito de este capítulo es eliminar uno por uno los candidatos a la autoría de Hebreos hasta que Priscila esté sola en la línea.

Arthur Conan Doyle, creador de las historias del detective Sherlock Holmes, dijo: «Cuando hayas eliminado lo imposible, lo que quede, por más improbable que parezca, tendrá que ser la verdad.» (No que una mujer autora de escritura sea improbable — aunque para algunos tomará tiempo para aceptarlo.) Ya que se establezca un caso negativo para la autoría Prisciliana de Hebreos, la evidencia positiva será aducida mostrando que tenía los medios, motivo y la oportunidad. Luego presento una hipótesis, basada en ciertos hechos conocidos, postulando cuándo y cómo tuvo la oportunidad de escribir la carta. Esto en general será el proceso. Paso por paso, la evidencia se acumulará para apoyar la teoría de Harnack.

Pablo: Una presencia fantasmal

Desde la antigüedad tardía al Renacimiento, Pablo fue ampliamente aceptado como el autor,[1] un punto de vista ahora generalmente visto como indefendible. Ya hemos hablado sobre la diferencia irreconciliable de estilo y la renuncia de la posición apostólica en la historia de conversión del autor.

Hubo por un tiempo una teoría de que Pablo había escrito la carta en hebreo y luego alguien la tradujo al griego. Clemente de Alejandría argumentó que Lucas fue el traductor;[2] Eusebio concurre con la autoría Paulina pero prefiere a Clemente de Roma como el traductor. No sabemos por qué este punto de vista creció en aceptación. «El tiempo me faltará contando de...» no es el único modismo griego usado en la epístola. Hay muchas palabras griegas compuestas sin su arameo equivalente.[3] Las citas del nuevo testamento son de la Septuaginta griega.[4] Su estilo elegante y noble argumenta en contra de la teoría de traducción.

Tenemos que hacer la siguiente pregunta: si Pablo fue el autor, ¿por qué no firmó su nombre? Clemente de Alejandría tiene una explicación: Pablo fue un apóstol a los gentiles. Era demasiado modesto para salir de su provincia para ser también un apóstol a los hebreos.[5]

¡Que disparate tan maravilloso! Su apostolado era del Señor. Si Dios lo guió a escribir a los hebreos, Pablo hubiera firmado su nombre y declarado la inspiración de Dios. Si no fuera así, Pablo no hubiera escrito la epístola. En 1939, William Leonard intentó valientemente demostrar que Pablo fue el autor, pero él también tuvo que admitir que Pablo no escribió la carta en su forma final.[6]

Con todo y que Pablo ya no lleva la etiqueta de «Autor de Hebreos», sigue siendo una presencia fantasmal en la epístola. Su manera de hablar y sus preocupaciones teológicas están ínter lazadas en su tejido, eso si, filtrado por medio de una mente distinta y original. El autor de Hebreos estaba íntimamente asociado con Pablo, habiendo pasado muchas horas en comunicación con el. Ningún candidato a la autoría puede ser considerado si no cumple con esta descripción.

Clemente de Roma — Portavoz por la ley eclesiástica y el orden

Clemente tiene una apariencia muy inocente en la formación; sin embargo, fue identificado como el autor por Hipólito temprano en el tercer siglo.[7] Calvino votó por dos candidatos, y nunca pudo escoger entre Lucas y Clemente.[8] Eusebio lo favoreció como «traductor», encontrando «frases similares» en Hebreos y la Carta de Clemente. También nota la «ausencia de puntos de vista diferente.»[9] Las dos razones pueden ser disputadas.

Aparentemente, Clemente ni es el autor ni el traductor. De entre sospechosos prominentes como Clemente, Bernabé, y Apolos, ¿quién es menos probable en ser el autor? En este concurso de improbabilidad de tres direcciones, Clemente seguramente ganaría.

¿Quién fue exactamente Clemente de Roma? No debe ser confundido con Clemente de Alejandría, quien creyó Pablo ser el autor de la carta a los hebreos. El identificarlo como el compañero de Pablo, Clemente en Filipenses 4:35 es una suposición mal informada. Clemente fue un obispo presbítero en Roma, quien en 96 o 97 D.C., escribió una carta a la iglesia Corintia. Hemos visto que Eusebio, el historiador eclesiástico del tercer siglo, comparando esta carta a la Epístola a los Hebreos, encontró lo que el consideró similitudes deslumbrantes. Donde Clemente cita y muestra acuerdo con Hebreos, podemos esperar ver similitudes. Una inspección más detallada revela que en estilo y punto de vista, las cartas son drásticamente diferentes.

Hebreos estaba en amplia circulación en el tiempo que la carta de Clemente fue escrita. Clemente asumió que los Corintios la conocían muy bien. No hubo necesidad en identificar la fuente de sus citas — mucho menos el nombre del autor — esto asumiendo que sabía el nombre del autor y que había una razón para dejar que el nombre caeré en el olvido.

En los capítulos 9 al 12 de su propia carta, Clemente desarrolla más sobre los héroes de Fe mencionados en Hebreos 11:4-40.[10] ¿Significa esto que Clemente escribió Hebreos? También habló sobre la resurrección en el capítulo 24, amplificando lo escrito en I Corintios 15:12-57. Advirtió en contra de las sectas en el capítulo 47, añadiendo a I Cor. 3:3-11. Hasta parafraseó el cántico de amor escrito por Pablo:

> *El amor soporta todo y es siempre paciente. No hay*
> *nada ofensivo en el amor, nada arrogante. El amor*
> *no conoce nada de división o rebeldía. El amor*
> *hace todo en armonía. Por el amor, los elegidos de*
> *Dios fueron perfeccionados. Sin amor, nada puede*
> *agradar a Dios.*
>
> (Clemente 49:5)[11]

Seguramente, estas palabras nos recuerdan de I Cor. 13:1-13. ¿Escribió Clemente I a los Corintios? Por supuesto que no. ¿Escribió entonces la Epístola a los Hebreos porque imitó el capítulo 11? No.

Las dos cartas difieren en nivel artístico y en grado de exaltación religiosa, testificando así a diferentes autores. Considere el caso de estilos. Cuando se enfrentaba con palabras de significativos similares, el autor cuidadoso de Hebreos usaba una y guardaba la otra. Con predecible monotonía, Clemente usaba las dos.

Clemente empieza redundantemente:

> Debido, queridos amigos, a los *accidentes* y *desgracias*
> *repentinos* y *sucesivos* que hemos pasado, nos hemos,

admitimos, tardado en volver nuestra atención a sus problemas. Nos referimos a la división *abominable y maldita,* tan *ajeno y desconocido* para aquellos quienes han sido escogidos por Dios, que algunos *impetuosos y testarudos* han hablado a tal grado de locura que tu buena reputación, la cual en un tiempo tan *familiar y querida* a nosotros, hoy ha caído hasta un punto grave. (Clemente 1:1)[12]

Continúa con palabrería característica:

Por razones de rivalidad y envidia los grandes y más respetados pilares... (Clemente 5:2).

Desconsiderados, necios, absurdos e ignorantes... (Clemente 39:1)

Se guía hacia un final verboso:

... *Paz, armonía y estabilidad*... (Clemente 61:1).

¿Encontramos el mismo estilo en Hebreos? No. El incontrolable uso de sinónimos es peculiar a Clemente. En Hebreos, el autor usa palabras con moderación —con un efecto eficaz.

Lea las dos cartas. Note la diferencia enorme en estilos. Ponga en balance los discursos largos de Clemente con la lógica concisa de Hebreos. Finalmente vea como chocan en puntos de vista.

Él que escribió Hebreos tomó de una fuente abundante de fervor espiritual para transformar la apatía de sus lectores. ¡Deben imitar a sus líderes! ¡Necesitan crecer en alma y espíritu! ¡Por medio de Cristo, su sumo sacerdote, el camino al cielo está abierto!

El autor de Hebreos se glorió en el espíritu de la cristiandad primitiva; Clemente fue temperamentalmente diferente. En tratar con laicos inspirados en contienda con sus líderes que faltaban inspiración, tenía esto que decir: «no vayan en contra de la corriente.» Los líderes eclesiásticos estaban siendo depuestos. Según Clemente, debían ser obedecidos, aunque la gente cría que estaban siendo guiados por Dios. Guiados por el Espíritu, la gente quería hablar. Clemente los desinflaba: finalmente, no eran tan elocuentes. Decía: «causan problemas y les hace falta la humildad.»

Para Clemente, el orden y el sometimiento son la personificación de la fe cristiana. Richardson detecta un alejamiento de la religión Paulina a una preocupación por la ética y la ley.[13] Treinta años habían pasado desde que Pablo y el autor de Hebreos le recordaban a la iglesia que los dones espirituales son de Dios, y es libre en impartirlos.[14] Los Apóstoles ya no estaban.[15] La iglesia en Corintio era antigua y sólida. *Ahora* que Dios provocaba una llama, la iglesia era apta en tira una cubeta de agua sobre ella. Si Clemente fue el autor de las dos cartas, en cuanto a punto de vista, dio una vuelta de 180 grados.

En estilo y punto de vista, Clemente y el autor de Hebreos están millas aparte. También, Clemente nunca tuvo un ministerio identificable a los cristianos Hebreos, ni tampoco cuenta con otras ciertas especificaciones para autoría. En cuanto a la otra idea de que pudiera haber sido el «traductor», no le envidiamos a Eusebio su trabajo en evidenciar que Hebreos no fue escrito en griego.

Bernabé — Apóstol a los gentiles

En Alejandría del primer siglo, los cristianos apreciaban una carta que les rogaba a permanecer en la fe. Titulo: «La Epístola de Bernabé a los Hebreos.»[16] Esto es lo que dijo Tertuliano alrededor de 200 D.C. Tertuliano prefirió a Bernabé como el autor (aunque nunca dijo por qué), insertándolo así en la formación. Varios eruditos modernos coinciden.[17]

¿Por qué fue, en ciertos manuscritos, el nombre de Bernabé atribuido en el título de Hebreos? Por la misma razón que lo fue el de Pablo en la versión de King James y en otras versiones bíblicas. Cualquiera de estos dos hombres fuera cariñosamente recibido como autor. Aun no ser uno de los Doce, Bernabé tenía status apostólico.[18] El liderazgo de la iglesia fue suyo antes de ser entregada a Pablo. El nombre de uno de ellos era seguro de realzar la aceptación de la carta.

Ahora, en el segundo siglo otra carta fue circulada en la norte de África — no tan bien escrita pero sobre un tema similar. El nombre del autor fue Bernabé.[19] Clemente de Alejandría dijo que fue escrito por Bernabé, el compañero de Pablo. (Así como Tertuliano, Clemente escribió alrededor de 200 D.C.) Pero hoy se conoce como la obra de un cristiano judío de Alejandría, escrito más o menos en 135-150 D.C.[20] El Titulo fue «La Epístola de Bernabé.»[21]

Así es que en el tercer siglo dos epístolas, escritas aproximadamente 70 años aparte, llevaron el nombre de Bernabé. Una entró al New Testamento como «La Carta a los Hebreos.» La otra permaneció apócrifa, conocida como «La Epístola de Bernabé.»[22] Ninguna de las dos fueron escritas por Bernabé, el compañero de Pablo.

Aun las teorías más tempranas de autoría (Pablo, Lucas, Bernabé, Clemente de Roma) surgieron años después de que Hebreos fue escrito.[23] La teoría de Tertuliano nombrando a Bernabé como autor no fue la excepción e igualmente falsa. Primero, mostraré cómo la apócrifa «Epístola de Bernabé» difiere a la carta a los hebreos, y por qué tiene que haber sido escrita más tarde y por otra persona. Después explicaré por qué creo yo que Bernabé ya había muerto antes de que fuera escrita la carta a los hebreos del Nuevo Testamento. Finalmente, veremos que Bernabé nunca pudiera haber escrito Hebreos aun si hubiera vivido hasta los cien años de edad.

Inferior en estilo y perspicacia, llena de errores y detalles minuciosos,[24] la carta apócrifa de Bernabé no es un documento atractivo. Quizás sea ésta la razón por la cual nadie le acreditó (o culpó) a Bernabé de escribirla hasta que Clemente de Alejandría lo hizo casi 50 años después de que fue compuesta.

Piense en Bernabé, un levita que servía en el templo, descrito en la Biblia como un hombre de fe y bondad. Recuerde como el buscó a Pablo en un tiempo cuando muchos cristianos no confiaban en él, y después amablemente tomó el segundo lugar a él. Luego lea la supuesta «Epístola de Bernabé». Note los errores en cuanto a la Ley Mosaica.[25] ¿Registró Bernabé, el levita, quien de primera conocía de la adoración en el templo, estos errores? ¿Sería capaz un levita de despreciar el Templo y los sacrificios de los sacerdotes? No tan implacablemente. De esto podemos estar razonablemente seguros.

Mire cómo la carta regodea sobre la destrucción del templo.[26] «Los judíos confiaron en el templo, no en Dios; al ir a la guerra, fue destruido por sus enemigos, así como Jesús dijo que lo fuera», etcétera. ¿Fue Bernabé, que con respeto al Judaísmo, y un espíritu generoso, quien escribió estas palabras? Aun se duda de que estuviera todavía vivo para ver la destrucción del templo en 70 D.C.

No fue Bernabé quien escribió «La Epístola de Bernabé», aunque haya sido acreditada a él. No podemos asumir que él escribió la Epístola a los Hebreos meramente porque Tertuliano dijo que así fue, y porque su nombre apareció en el título por un tiempo. No, no sin la evidencia que lo apoye — y tal evidencia no ha sobresalido.

Algunas personas están dispuestas a creer que Bernabé

escribió estas cartas porque describen la adoración judía con similitud superficial. Por ejemplo, las dos tienen algo que decir sobre «el reposo de Dios», pero estudio más profundo revela como difieren el uno del otro. En la carta apócrifa, «el reposo de Dios» no es nada más que el fin de su obra en el séptimo día de la creación. Para el autor de Hebreos, entrar en el reposo de Dios es apropiarse de sus promesas por medio de la fe (Heb. 4:3). Aconsejando a los lectores, el autor relata de la desobediencia de los israelitas quienes fueron detenidos en el desierto por cuarenta años por causa de su incredulidad.[27] La obediencia a Dios es más «ser» que «hacer», pues Dios mira «los pensamientos y las intenciones del corazón» (Heb. 4:12) y uno no puede esconderse de Dios. La perspicacia es el sello de la carta a los hebreos; severidad, la «Epístola de Bernabé.»

Otro punto de semejanza es el tema de la adoración en el templo. En realidad, Hebreos nunca menciona el templo, refiriéndose solamente al tabernáculo de los tiempos Antiguo Testamentarios. Ciertamente, aunque el Tabernáculo es bosquejado, la superioridad de la adoración cristiana es claramente implicada. Es por lo tanto improbable que Hebreos fuera escrito después de año 70 D.C., sin aludir a la destrucción del templo para énfasis — así como lo hace «La Epístola de Bernabé». Además, Hebreos 8:4 insinúa que el templo todavía estaba abierto para sacrificio y holocausto.[28]

Entonces las cartas fueron escritas por diferentes personas y Bernabé no escribió la última. ¿Escribió la anterior, la Epístola a los Hebreos?

Sin duda Bernabé era lleno de fervor y autoridad. El atribuirle a Bernabé la autoría de Hebreos sobre una base tan endeble, como algunos lo han hecho, [29] es indefendible.

Muchos eruditos han pensado en Bernabé como el autor,

incluyendo a Harnack antes de optar por Priscila.[30] Sí, tienen razones superficialmente plausibles. Pero plausibilidad no es prueba, y Bernabé no puede haber escrito la epístola.

Primero, un levita no es más probable haber escrito Hebreos que la «Epístola de Bernabé». Hemos visto que Hebreos hace referencia al Tabernáculo antiguo y no directamente al Templo de Jerusalén, donde un levita pasaría la mayoría de su tiempo en sus deberes ceremoniales. Efectivamente, el autor no está familiarizado con los procedimientos ceremoniales, esencialmente lo mismo para ambos.[31] Erróneamente, el incensario de oro se dice estar en el Lugar Santísimo (Heb. 9:4). Más bien, el incensario estaba sobre el altar enfrente del arca del pacto (Éxodo 40:5). Una vez al año, en el Día de Expiación, el principal sacerdote lo metía al Lugar Santísimo (Levítico 16:12). Ni tampoco ofrece diariamente el sumo sacerdote sacrificios, así como dice Heb. 7:27. Wikenhauser duda de que Hebreos 7:27 fuera escrito en Jerusalén. Ve un menosprecio de los sacrificios diarios sacerdotales, que uno no esperaría de un levita. También vemos que Bernabé observaba las leyes en cuanto a las comidas prohibidas (Gálatas 2:13), mientras el autor de Hebreos dudaba de su eficacia (Heb. 13:9).

Hay mucho más que escribir de Bernabé.

El hombre — o mujer — quien escribió Hebreos tenía un dominio extraordinario del idioma griego. Cierto, Bernabé fue un predicador y maestro. ¿Pero fue entrenado en la retórica y el griego literario? Nativo de Chipre, residente de Jerusalén, es más probable que no lo fue.

La Epístola a los Hebreos se lee muy bien a voz alta — una indicación que el autor era elocuente como orador.[32] Tal capacitación artística de estilo seguramente se expresaría en discurso. Cuan grande indicación es saber que cuando Pablo y Bernabé estaban juntos, Pablo siempre fue el principal orador. Dos acontecimientos están registrados que afirman esta declaración en el libro de los Hechos. Una vez, Pablo y Bernabé fueron invitados a predicar en la sinagoga de Antioquía de Pisidia (Hechos 13:14-16). Sólo habló Pablo. En Listra: «Bernabé llamaban Júpiter (el dios Zeus), y a Pablo, Mercurio (el dios Hermes), porque él llevaba la palabra» (Hechos 4:12). Indudablemente Bernabé hubiera tenido su parte si fuera un orador poderoso.

Es cierto, como han mostrado todos los eruditos que han escrito a favor de Bernabé, que era parte del círculo de Pablo — como el autor. Pero el autor, a diferencia de Bernabé, fue compañero de Timoteo. Timoteo reemplazó a Bernabé como la mano derecha de Pablo al principio de su segunda jornada misionera en el año 49 o 50 D.C. y permaneció así hasta el fin de los días de Pablo (véase II Timoteo, capítulo 4).

Supervisando una iglesia desde una celda de la cárcel, Pablo le pidió a Timoteo que tomara a Marcos y lo trajera a Roma (II Tim. 4:11). Marcos había ya sido restituido al favor de Pablo desde una disputa que hubo sobre él, ¿pero dónde estaba Bernabé, su primo y compañero? ¿Por qué es que Pablo ni mencionó a su gran amigo y antiguo compañero? De hecho, Bernabé había desaparecido de la escritura, y esto es raro al considerar su posición apostólica. Delineé la secuencia de eventos. Después de que Bernabé y Pablo se separaron por un desacuerdo sobre Marcos en el 49 o 50 D.C., Pablo habló de Bernabé como un apóstol que se mantenía a sí mismo en 56 o 57 D.C. (I Cor. 9:5-6). Sabemos que Bernabé todavía viajaba con el evangelio en los años 60-62 D.C. puesto que Pablo le pidió a los Colosenses recibirlo si viniera a ellos (Col. 4:10). Marcos estaba en ese tiempo con Pablo, pero pudiera haber regresado con Bernabé. Estamos seguros que Marcos no se quedó con Pablo, pues más tarde le pidió a Timoteo que viniera y que trajera a Marcos con él. Colosenses 4:10, escrito no más tarde que el año 62, es la última vez que escuchamos algo de Bernabé. Coulson y Butler dicen que su desaparición de la escritura nos lleva a deducir que para el año 62 D.C. Bernabé había ya muerto.[33] De acuerdo a una tradición fue hecho mártir en Salamina, en su país de origen Chipre, en 61 D.C.[34] (Es considerado como el fundador de la iglesia de Chipre.) En la parte final de este estudio, intentaré reconstruir los eventos que acontecieron para que la carta de los hebreos fuera escrita. Los cuales ocurrieron varios años después de que Bernabé ya había muerto.

Por supuesto, podemos deducir su muerte, pero no podemos comprobarla, y por esta razón otra evidencia tendrá que ser expuesta para despedirlo de la formación. Éste es el caso para la despedida:

1. A pesar de su trasfondo levítico, Bernabé se convirtió — y permaneció — un apóstol a los gentiles. Su relación con Pablo — muy íntima por un tiempo — determinó su destino. Tan temprano como 53 D.C., Pablo reportó:

Y reconociendo la gracia que me había sido dada, Jacobo, Cefas y Juan, que eran considerados como columnas, nos dieron a mí y a Bernabé la diestra en señal de compañerismo, para que nosotros fuéramos a los gentiles, y ellos a la circuncisión (Gálatas 2:9).

Pablo les recordó a los Corintios que él y Bernabé no eran carga para ellos (I Cor. 9:6). Luego en el año 56 o 57 D.C., Bernabé era muy bien conocido a la iglesia de los Corintios, mayormente compuesta por gentiles. Todavía más tarde, más o menos en el año 61 D.C., Pablo les pide a los Colosenses que reciban a Bernabé si viniere a ellos (Col. 4:1-2). El ministerio de años a los hebreos cristianos en una localidad, el cual produjo la Epístola a los Hebreos, no cabe en el ministerio de Bernabé.

2. *La historia de conversión relatada en Hebreos 2:3[35] no le queda a Bernabé, quien vivió en Jerusalén y por inferencia vio y escuchó a Jesús.*

Bernabé fue uno de los setenta (o setenta y dos) discípulos citados en Lucas 10:1, según Clemente de Alejandría.[36] Ninguna lista de los setenta se ha descubierto,[37] y Clemente de Alejandría pudiera haberse equivocado. Aun así, si es que la conversión de Bernabé fue después del Pentecostés — pasó mucho tiempo en Jerusalén y es posible que viviera allí:

   a. Sus deberes como levita, lo traían al Templo.

   b. Tenía propiedad en o cerca de Jerusalén, puesto que vendió un terreno y dio el dinero a los apóstoles (Hechos 4:36).

   c. Su primo Marcos, y la familia de Marcos, vivían en Jerusalén.

Si Bernabé se hospedó en Jerusalén durante la Pascua, como bien podemos concluir, tenía que haber visto y oído a Jesús, descalificándole como candidato a la autoría de Hebreos. Es muy posible que hubiera sido uno de los setenta, trabajando cerca de Jesús por años.

Antes que despidamos a Bernabé, marquemos dubitativo que él escribió Hebreos 13:24: «Los de Italia os saludan.»

Attridge lo dice muy concisamente: A pesar de la apelación

del autor sugerido por Tertuliano a los eruditos, «él es tan improbable como Pablo.»[38]

Apolos — Por qué Lutero adivinó mal

Por fin vemos a Apolos, cuya presencia en la formación, aunque tardío, tiene impresión de plausibilidad. «Tardío» es una descripción precisa, pues, un comentarista declara, Apolos como autor de Hebreos es «Una suposición nunca hecha por ninguna de las iglesias antiguas, y por primera vez iniciada,... por Lutero... No tenemos ninguna evidencia externa que lo favorezca; ninguna voz de la antigüedad, para testificar,...»[39]

El silencio de la antigüedad nos habla. Nos recuerda silenciosamente que el estatus apostólico de Apolos hubiera realzado la aceptabilidad de la epístola. Susurra en nuestro oído que su nombre no hubiera sido perdido por los eruditos cristianos de Alejandría, donde eran coleccionados los manuscritos nuevos testamentarios, puesto que Apolos era nativo de Alejandría.

«Una impresión de plausibilidad» — porque Apolos, así como el autor, fue elocuente e intelectual.

Tenemos que poner mucha atención a él, pues su camino cruzó con el de Priscila y Aquila, quienes estaban parados junto a él.

Apolos entró a la escena de la historia en el capítulo 18 de Hechos. Cuando hablaba, su voz daba una impresión de sinceridad y autoridad. Los hombres y mujeres en las sinagogas de Efeso eran conmovidos al escuchar al recién llegado articular sus esperanzas de la venida de su Mesías y la necesidad de arrepentimiento (Hechos 18:24-25). El hombre era un encantador.

¿Quién era? Apolos fue un tanto de un viajero ideológico. Un «judío educado», por un tiempo parte de la corriente del pensar judío — fariseo, o quizás lo que llamaríamos «ortodoxo.» Como tal, había observado las reglas de alimento, por lo menos absteniendo de la carne de cerdo. La persona que escribió Hebreos dijo que las reglas de alimento nunca beneficiaron a nadie espiritualmente, una declaración crítica de sí mismo así como de las leyes, si en verdad Apolos fuera el autor.

En su ciudad de Alejandría, había otras escuelas de pensamiento en cuanto a religión y filosofía. La combinación filona de Judaísmo y Platonismo: dioses paganos y festivales; la doctrina de una secta de judíos que habitaron en Egipto y otros lugares, conocidos como esenios — todos estos clavados en su mente. De alguna forma u otra llega a ser un seguidor de Juan el Bautista, quizás enseñado por los esenios agarrados en particular de su fe mesiánica.

Pronto encontraría su hogar espiritual en la iglesia de Jesucristo, el Mesías en quien tanto había esperado, donde todo su denuedo y habilidad persuasiva sería usado para edificar su iglesia. ¿Quién lo llevaría a la fe en Cristo? Una pareja casada, Aquila y Priscila, quienes lo escucharon un día muy crucial en la sinagoga.

Después de su conversión, Apolos declaró a Jesús como el Mesías profetizado en el Antiguo Testamento. Quienes lo escucharon exponer este tema tenían que escoger. Podían estar de acuerdo con él y permanecer callados o podían discutir con él y finalmente ser derrotados en un debate público (Hechos 18:24-28).

Evidenciar a Jesús como el Mesías es el tema de la Epístola a los Hebreos. Además, Apolos fue educado en Alejandría, explicando así el «Platonismo» en la epístola, y su uso del

Septuaginto griego del Antiguo Testamento. Es probable que fuera entrenado en la retórica. No es sorpresa entonces que Lutero y otros[40] creyeron que él fue el autor, y que ahora lo estamos estudiando en la formación. Sin embargo, sí existe una sima de credibilidad en su teoría, como hemos visto, una que se ensanchará aun más mientras continuemos nuestra discusión.

Ya hemos mencionado el «silencio de la antigüedad» en cuanto a Apolos como autor de Hebreos. Permítame analizarlo más.

Por varias razones, Apolos y Bernabé están en el mismo barco. Una razón es que ambos tenían estatus apostólico. Pablo habla de Apolos como colega, usando la palabra «apóstoles» en su discusión sobre sus papeles (I Corintios 4:9). Clemente de Roma reafirmó su evaluación de Apolos al recordar su liderazgo destacado. Con gran elogio para Apolos, lo proclamó digno de su pasada lealtad, aunque los había llevado a facciones. También notó que Pedro y Pablo lo «apoyaron».[41]

Viendo que el hombre era apóstol, ¿por qué fuera su carta escrita o circulada anónimamente, y por qué se perdiera su nombre? ¿Por qué se perdiera la oportunidad de aprovechar de su influencia popular y su liderazgo tan indiscutido? Cierto expositor[42] intenta minimizar el misterio al decir que a sus lectores se les olvidó poner el nombre de Apolos en el documento. Sabemos (y él también) que el nombre debiera estar en el saludo principal. Ni tampoco quita el misterio por negar que Hebreos es una carta, puesto que contiene el final usual de una carta, con saludos personales en la posdata.

Peake está seguro de que Clemente de Roma conoció al autor cuando mostró acuerdo con Hebreos en su Epístola a los Hebreos. Clemente nunca dio a entender que citaba a

Apolos. Peake infiere que Apolos no fue la fuente de las referencias extensas de Clemente.[43]

El expositor Hugo Montefiore intentó mostrar que Apolos escribió Hebreos a los Corintios en el año 54 D.C. Argumenta que Clemente les recordó Hebreos a los Corintios porque sabía que fue originalmente escrito para ellos. En ambos argumentos, no es así.

1. Clemente escribió en el año 96 D.C., para entonces, Hebreos ya era conocido y usado en África, Asia e Europa. Algunos eruditos creen que Hebreos fue escrito a los romanos, puesto que se conoció allí a muy temprana edad, y posiblemente fue circulado primero en Roma. Si Clemente tenía una razón en particular para citar Hebreos, es muy probable en que algunos de los hombres envueltos en conflicto en Corinto eran cristianos hebreos.

2. ¿Cómo pudo un mensaje tan gravemente exhortando a los lectores en contra del peligro a sus almas de apatía y apostasía hubiera ser enviado a la iglesia exuberante en Corinto que estaba creciendo rápidamente en el año 54 D.C.? Pablo, fundador de la iglesia en Corintia, no llegó a Corinto hasta el año 51 D.C.; por eso, la iglesia era todavía nueva y lleno de entusiasmo en el año 54 D.C. Abundantemente bendecidos con dones espirituales, los adoradores de Corinto eran a veces revoltosos por esta misma razón. H.V. Morton cita a R.B. Rackham al efecto de que «entusiasmo extraordinario dio lugar al desorden en la adoración».[44]

El orden de eventos cronológicamente dado por Montefiore justamente pide una fecha temprana fecha de origen para Hebreos. Pero el año 54 D.C. es un poco temprano (vea también Heb. 13:7), y obviamente está en la iglesia equivocada. El razonamiento de Montefiore es tan ingenuo y original que merece más refutación. Encuentra en los primeros cuatro capítulos de la primera carta a los Corintios una clase de «diálogo» en el cual Pablo responde a la carta a los Hebreos.[45] Daré dos de sus ejemplos junto con mi refutación.

Ejemplo I. Pablo escribió de que les dio leche en lugar de carne a los Corintios, puesto que no eran cristianos maduros (I Corintios 3:2). Montefiore dice que Pablo se refería a la opinión de Hebreos 5:12, que los lectores necesitaban leche, o instrucción rudimentaria, en lugar de vianda, o instrucción madura. Afirma que Pablo se estaba defendiendo ante la carga de que no les había dado a los Corintios la educación apropiada.

Esta es mi refutación: Vemos claramente en el contexto de Hebreos 5:12 que el mismo autor les había instruido en la doctrina elementaría a sus lectores, y deseaba pasar a enseñanza más madura. En todo caso, no culpa a nadie más sino a los lectores por su inhabilidad de crecer en su entendimiento de la fe.

La analogía de la leche y la carne, aunque común en sus tiempos, si insinúa a dar y recibir conversacional. Sin embargo, Pablo y el autor de Hebreos le dan un diferente uso a la expresión.

Ejemplo II. El autor de Hebreos advirtió a la destrucción (por fuego) si su religión no daba fruto (Heb. 6:8). Según esto, Pablo tenía esto en mente cuando escribió que una edificación falsa sobre su fundamento se salvaría — «aunque así como por fuego» (I Cor. 3:13-15).

Refutación: Apolos fue él que edificó sobre el fundamento puesto por Pablo. Si en verdad Pablo estaba respondiendo a Hebreos 6:8 al advertir a Apolos del peligro de un ministerio falso y sin fruto, el «diálogo» es entonces nada más que hostilidad abierta. Tal hostilidad sería compresible sólo si Apolos intentaba atacar a Pablo en Hebreos 6:8. De acuerdo al contexto de I Corintios, capítulos 1-4, podemos ver que Pablo aceptó a Apolos como un colega valioso. Pablo hizo hincapié de su propio papel como fundador de la iglesia en Corinto sólo para desanimar a las sectas que crecieron alrededor de personajes principales, incluyendo a Apolos.

Otro punto se debe hacer. Montefiore desarrolla su teoría sobre el argumento que Apolos y Pablo eran amigos y colaboradores. Cuando Timoteo, mano derecha de Pablo, fue (supuestamente) «despachado a Corinto», ¿quién si no Apolos viajará con él? Detecto una cierta inconstancia en su razonamiento. Si en los primeros cuatro capítulos de I Corintios se encuentra la defensa de Pablo en contra de la carta de Apolos, y ciertos malentendidos causados por ella, como teorizaba Montefiore, los dos hombres no pudieran haber sido amigos en ese momento. Los cristianos de Corinto estaban divididos en sectas aclamando a Apolos en una esquina y a Pablo en otra. Con el fraccionalismo en Corinto a darse punto culminante, Apolos no hubiera podido viajar con el amigo más cercano de Pablo, Timoteo.

Ni tampoco se unió Apolos al círculo íntimo de amigos que rodeaba a Pablo años después — un círculo que aun incluía a Timoteo, Priscila y Aquila. Pablo mismo nombró a Aristarco, Marcos y Justo como los únicos hombres judío-cristianos que trabajaron juntamente con él para el Reino de Dios. Escribió esto en el 60 o 61 D.C., más cerca de la fecha en que en verdad se escribió Hebreos (vea Colosenses 4:10). No existe la más mínima evidencia que Apolos era parte del círculo de Pablo cuando el autor de Hebreos divulgó sus planes de viajar con Timoteo (Hebreos 13:23), más o menos en el año 65 D.C.

«Los ecos» de Hebreos escuchados por Montefiore en I Corintios mejor pueden ser entendidos como palabras de Pablo ¡más tarde repetidos en Hebreos! ¿Quien mejor reflejaría los pensamientos y a veces las palabras de Pablo, si no Priscila y Aquila, con quienes Pablo vivió y trabajó por dieciocho meses en Corinto, y con quienes trabajó por tres años en Efeso? Nada en el Nuevo Testamento alude a una relación tan cercana entre Pablo y Apolos.

Es tiempo de comparar la historia de conversión en Heb. 2:3 con la de Apolos en Hechos 18:24-28. Es en este punto cuando el sima de la credibilidad se ensancha para descalificar a Apolos. Usted recordará que el autor de Hebreos nos dice que fue evangelizado por personas que vieron y escucharon a Jesús. *Apolos se hizo cristiano a resultado de la instrucción de Priscila y Aquila, quienes no vieron o escucharon a Jesús personalmente.*

Esto necesita explicación, puesto que mucha gente cree que Apolos era ya cristiano cuando llegó a Efeso para enseñar en la sinagoga — mal instruido sí, pero cristiano. No lo fue. El versículo clave es Hechos 18:25:

> Éste había sido instruido en el camino del Señor; y siendo de espíritu fervoroso, hablaba y enseñaba lo concerniente al Señor *(en inglés, versión King James, dice «Jesús» en lugar de «Señor»),* aunque solamente conocía el bautismo de Juan.

Ahora, el primer detalle tiene que ver con la frase «concerniente al Señor» (en inglés, «concerniente a Jesús»). Parece ser que Apolos hablaba de la vida de Jesús y sus enseñanzas, como seguramente lo hiciera si en verdad fuera en ese tiempo cristiano. Sin embargo, «Jesús» solamente es una traducción alternativa de la palabra «Señor». El texto griego dice «Señor» (así como la versión Reina y Valera).

Debemos entender lo que quiere decir con «lo concerniente al Señor» a la luz de la frase «aunque solamente conocía el bautismo de Juan.» Apolos predicaba sobre la esperanza Mesiánica de los judíos, usando profecías mesiánicas del Antiguo Testamento como su texto. ¡Éstas eran «las cosas del Señor»! No hablaba de la vida y muerte de Jesús. Lleno de conocimiento y preciso hasta cierto punto, sólo le faltaba confesar a Jesús como el Mesías. ¡Ni conocía de él! Era tan temprano en la expansión misionera de la iglesia que la iglesia en Corinto acababa de ser fundada (por Pablo), y en partes del mundo, el evangelio de Jesucristo aún no había sido predicado.

El bautismo era el primer ritual para todo nuevo convertido a la fe. El bautismo era seguido por más instrucción y en algunos casos precedido por instrucción — pero nadie podía confesarse cristiano sin por lo menos *saber* del bautismo en el nombre del Padre, Hijo, y el Espíritu Santo. Apolos, quien solamente conocía el bautismo de Juan, no era entonces un cristiano.

Hablemos más del «bautismo de Juan» y por qué era pre-cristiano.

Juan el Bautista tenía seguidores en Efeso (y otros lugares) casi 15 años después de su muerte temprano en el conocido ministerio de Jesús. Algunos pensaban que él era el Mesías. (Por esta misma razón el cuarto evangelio hizo hincapié en la inferioridad de Juan el Bautista a Jesús).[46] Estas personas estaban afiliadas a la secta de los esenios, con los cuales Juan tenía una cierta conexión. Dentro de los cuales había sido inconformista, pero si compartió sus expectativas mesiánicas. Como los esenios de Qumrán, predicaba arrepentimiento, proseguido por el bautismo, en preparación para la venida del Mesías. El Mesías después los bautizaría con el Espíritu Santo (Mateo 3:1, 2, 6, 11). El Manual de Disciplina de la comunidad de Qumrán demandaba arrepentimiento antes del bautismo, y prometió que Dios enviaría al Espíritu Santo y el «Espíritu de Verdad como agua purificante» cuando viniera el Mesías.⁴⁷ Entonces el Bautismo de Juan era sólo preparativo para la venida del Mesías, y no era lo mismo a un bautismo cristiano.

Lo siguiente es más prueba de que el «bautismo de Juan» era pre-cristiano.

Después de que Apolos partió de Efeso, Pablo llegó. Se encontró con unos «discípulos» quienes como Apolos, sólo conocían el bautismo de Juan (vea Hechos 19:1-7). Pablo les dijo:

Juan os bautizó con bautismo de arrepentimiento, diciendo al pueblo que creyesen en aquel que vendría después de él, esto es, en Jesús el Cristo (Hechos 19:4).

Obviamente, eran discípulos de Juan, y no de Jesús. ¿Que hizo Pablo después? Los bautizó en el nombre del Señor Jesús. Si sólo hubieran sido «cristianos imperfectamente instruidos», Pablo no los hubiera bautizado otra vez. ¡Simplemente corrigiera su teología! No, no eran cristianos, ni tampoco lo era Apolos — hasta que Priscila y Aquila le hablaron de Jesús, el Cristo (Hechos 18:26-28).

Estamos ya casi listos para despedir a Apolos de la formación. El autor de Hebreos está alineado con el lector como convertido de discípulos originales. Al contar la historia, el autor dos veces afirma este hecho; refiriéndose al mensaje de salvación «que hemos oído» (Heb. 2:1) y la salvación «que nos fue confirmada por los que oyeron» (Heb. 2:3). En ambos versículos 1 y 3, podemos ver que el autor recibió el mensaje por medio de los que lo oyeron de Jesús.

La palabra «confirmar» en este contexto se define como «el mensaje de salvación se nos garantizó.»⁴⁸ Ligada con señales y prodigios, su predicación efectuaba la conversión de los oidores. El autor de Hebreos aseguró la palabra de salvación personalmente, o sintió confirmación de la palabra de salvación. Esto es en verdad una historia de conversión y no una escuchada indecisa de testimonio. El autor de Hebreos había sido convertido por personas que habían visto a Jesús.

¿Fue convertido Apolos por personas que habían visto a Jesús? No.

Cuando él llegó a Efeso sólo conocía el bautismo de Juan — un estado pre-cristiano. Su conversión no se realizó hasta que Priscila y Aquila lo tomaron de la mano y lo instruyeron. La pareja había vivido en Roma. ¿Cómo pudieran haber visto a Jesús? Ni tampoco fue la palabra acompañada por señales y prodigios con Apolos así como con el autor (vea Heb. 2:4).

Para Apolos, la historia de conversión no concuerda. Por esta sola razón no pudiera haber escrito la Epístola a los Hebreos. La conjetura de Lutero tuvo la gracia de una semblanza de credibilidad, pero credibilidad no es confirmación.

Apolos, cuyo camino ha cruzado con el de Priscila y Aquila es despedido de la formación. No es el autor, ¿pero ha tenido un encuentro con el autor? Hagamos planes de resumir esta línea de investigación.

Aristión — y su comitiva

Ahora ponemos nuestra atención sobre Aristión, un sospechoso improbable sobre cualquier otro. Aristión, o Aristón, es uno de esos sospechosos menores por los cuales no existe un caso creíble. Más bien, existe más prueba creíble para despedirlo. El representa una categoría de personas como Silas, Epafras, y Felipe el Diacono, quien Attridge describe como figuras indistintas no merecedoras de consideración seria.[49]

No obstante, John Chapman concluyó que la misma persona que escribió las últimas doce líneas de Marcos también escribió Hebreos, y esa persona fue Aristión. El avanzó esta opinión en un artículo titulado, «Aristión, Autor de la Epístola a los Hebreos.»[50] Un simple ejercicio del razonamiento establece el caso negativo en contra de Aristión, y la falta de apoyo por un caso positivo.

Según el historiador Eusebio, Aristión fue el confidente del Obispo Papías de Hierápolis en cuanto a información concerniente a Jesús. Papías decía que Aristión era el «el Discípulo del Señor.» Como tal, Aristión personalmente fue un testigo del ministerio de Jesús, y por lo tanto no pudo haber escrito la historia de conversión en Heb. 2:3. Esto es el caso negativo. Aristión no pertenecía al círculo de Pablo, no tuvo conexiones en Roma, de donde fue distribuido Hebreos, y donde la epístola fue influenciada por la liturgia romana. No existe evidencia que lo muestre haber viajado con Timoteo. No hay testimonio antiguo de que el haya sido el autor de Hebreos, ni tampoco hay alguna razón por la cual su nombre se hubiera perdido si el fuera el autor. No existe ninguna evidencia positiva que lo une a Hebreos.

Ahora, en cuanto al argumento de Chapman. F.C. Coneybeare teorizó que un manuscrito Armenio del año 989, atribuyendo Marcos 16:9-20 al «Aristión Presbiteriano», preservaba una tradición genuina.[51] Chapman conjugó Marcos 16:17-20 con Hebreos 2:2-4, pasajes que se hablan de señales y prodigios. Luego, comparó Marcos 16:17 con Heb. 11, declarando estilo y contenido similar. El pasaje de Marcos relata señales externas acompañando fe, [52] tal como tomar en la mano serpientes con impunidad. El pasaje correspondiente en Hebreos habla del desarrollo del valor supernatural, atrevimiento, y fortaleza. La identificación del autor de un documento como el autor del otro no es tanto un salto de fe como un salto de imaginación.

Chapman mejor hubiera comparado Marcos 16:9-20 con los versículos 9-20 del capítulo 1 de Marcos. Esto es lo que hizo John Burgon para demostrar el «paralelismo esencial» inherente en estas porciones del evangelio.[53] En ambos textos, traza la proclamación del cielo, la victoria sobre Satanás, el don pentecostal, la predicación al arrepentimiento, la proclamación del reino, y el ministerio de los apóstoles, atestiguada milagrosamente.

Cuando Chapman declara que su hipótesis tiene un «alto nivel de probabilidad», en verdad está exagerando su posición.

En la formación, entre Aristión y Priscila y Aquila, vemos una figura indistinta. Él es la persona «desconocida» hipotética. Un líder desconocido de la iglesia primitiva que supuestamente no es mencionado en la Biblia. Es difícil demostrar que no debe estar allí, puesto que no sabemos quién es, ni si por lo menos existe.

La razón nos informa que tal elocuencia, articulando una fe tan alta y exaltada, hizo al autor eminente. Como uno de los del círculo de Pablo, esta persona es seguramente nombrada en la escritura. Sin embargo, allí está la figura, como un fantasma. Él no es razonable, no es verdadero, y no se irá voluntariamente pero tiene que ser expulsado.

Muchos comentaristas se aferran a él, solemnemente proclamando que él es el autor de Hebreos. Cuando más evidencia se levanta para substanciar la teoría de Harnack, y más vivida se hace nuestra percepción de un autor femenino de escritura, se vuelve más enfática la certeza, por algunos, que el Señor Nadie escribió Hebreos y debemos pues descontinuar la investigación. Podemos estar igualmente seguros que nuestra búsqueda no es en vana, que un sospechoso fundamental está en la formación, y el puro peso de la evidencia nos revelará la identidad del autor.

A pesar de su falta de existencia, y la tenacidad con la cual acecha la formación, el Señor Nadie o la persona «desconocida» hipotética, tiene que concordar con el mismo criterio que los demás. Tiene que pertenecer al círculo íntimo de Pablo, no ser un testigo de primera de Jesús, sino un discípulo de un apóstol, con conexiones en Roma y un ministerio dirigido hacia cristianos hebreos quienes viven en la ciudad a la cual la epístola primero fue enviada. Tiene que ser un experto en el griego, entrenado en la retórica. Es necesaria un explicación lógica por la pérdida del nombre — y una que demistificará el proceso de búsqueda. Si su nombre fue perdido porque no fue mencionado en la escritura, todavía tendremos que explicar cómo un individuo tan impresionante, cerca de Pablo, escapó ser mencionado.

Al decidir que el nombre del autor fue mencionado en la escritura, podemos hacer una lista de personajes nuevos testamentarios y uno por uno ir descalificándolos para la autoría. Si es descalificado por una razón u otra, (por ejemplo: «no fue del círculo de Pablo») esa persona tendrá que ser eliminada. Después, compilar evidencia positiva (por ejemplo: «fue conocido como maestro y líder»). Si hace falta evidencia positiva, esa persona tendrá que ser despedida como finalista a favor de una alternativa más realista.

Siempre tenga en mente, el autor debe tener un punto de vista femenino, con un sentido fuerte de identificación con las mujeres. Esto nos trae a un sospechoso que *es* una mujer.

Notas al Capítulo Cinco

1. Attridge, op. cit, p.2.
2. Eusebio, *The History of the Church from Christ to Constantine,* transl. G.A. Williamson (Baltimore: Penguin Books, 1965), p. 254
3. Wescott, p. xxxiv.
4. Con la excepción de Heb. 10:30, citando Deuteronomio 32:35.
5. Eusebio, p. 254.
6. William Leonard, *The Authorship of the Epistle to the Hebrews: Critical Problem and Use of the Old Testament* (Rome, Vatican: Polygot Press, 1939).
7. Wikenhauser, p. 40.
8. Westcott, p. lxxv.
9. Eusebio, p. 149.
10. Clement's Letter to the Corinthian, *The Library of Christian Classics,* Vol. I *Early Christian Fathers,* transl. and ed. Cyril C. Richardson et al. (Philadelphia: The Westminster Press, 1953), p. 48-49.
11. Ibid., p. 6.
12. Ibid., p. 43. (Todo el uso de bastardilla es mío.)
13. Ibid., p. 39.
14. I Cor. 12 y Heb. 2:4
15. Clemente, capítulo 44.
16. «Bernabae titulus ad Hebraeos». Westcott, p. xxviii.
17. Cameron, Ritschl, Weiss, Renan, Salmon, Vernon Bartlett, Ullman and Wieseler.
18. *Butler's Lives of the Saints,* Vol. III. Complete edition, ed. Herbert Thurston and Donald Attwater (New York: P.J. Kennedy and Sons, n.d.), p. 522.

19. Alexander Roberts and James Donaldson, ed. *The Ante-Nicene Fathers.* Vol. I: *The Apostolic Fathers-Justin Martyr-Irenaeus.* (Grand Rapids: Wm. B. Eerdman's Publishing Co., 1950) , p. 133.

20. *Butler's Lives of the Saints*, Vol. III, p. 524.

21. El codex Sinaiticus tiene «Epístola de Bernabé»; Dressel da «Epístola de Bernabé el Apóstol» del manuscrito vaticano del texto latino. *Ante-Nicene Fathers,* Vol. I, p. 137.

22. Westcott, p. lxxx.

23. Ibid., p. lxxv.

24. *Ante-Nicene Fathers*, Vol. I, p. 134.

25. Ibid.

26. Bernabé xvi: 8, 12, 13.

27. Heb. 3:16-19.

28. *The Jerusalem Bible*, New Testament, p. 265.

29. *Mathew Henry's Commentary on the Whole Bible*, Vol. VI, *Acts to Revelation.* (New York: Fleming H. Revell Co., n.d.), p. 88.

30. *Expositor's Greek Testament*, p. 222. Vea nota 15.

31. Wikenhauser, p. 469 and *The Interpreter's Bible in Twelve Volumes,* Vol. XI, «The Epistle to the Hebrews» by C. Purdy and J. Harry Cotton, p. 590.

32. ¿Sermón o carta? — Hebreos puede ser considerada como un sermón en forma de carta.

33. Butler, op. cit., p. 524 and John Coulson, ed. *The Saints: A Concise Biographical Dictionary* (New York: Hawthorn Books, Inc., 1958), p. 62-63.

34. F.L. Cross, ed., *Oxford Dictionary of the Christian Church* (London: Oxford University Press, 1958), p. 132.

35. ¿Cómo escaparemos nosotros, si descuidamos una salvación tan grande? La cual, habiendo sido anunciada primero por el Señor, *nos fue confirmada por los que oyeron.*(El uso de bastardilla es mío.)

36. *Outlines*, Bk. VIII. Vea Eusebio, op. cit., p. 64.

37. Eusebio, p. 64.

38. Attridge, op. cit., p. 3.

39. Leonard, op. cit., p. 278.

40. J. Hering, Bleek, Th. Zahn, Appel, Rohr, Vogels and Spicq.

41. Clemente 47:6. Early Church Fathers, Vol. I.

42. Hugh Montefiore, *A Commentary on the Epistle to the Hebrews.* (New York: Harper & Row, Publishers, 1964), p. 9.

43. Arthur S. Peake, *A Critical Introduction to the New Testament.* (New York: Charles Scribner's Sons, 1919), p. 80.

44. H.V. Morton, *In the Steps of St. Paul.* (New York: Dodd, Mead & Co., 1936), p. 353.

45. Montefiore, p. 19-28.

46. Wikenhauser, p. 308.

47. John Allegro, *The Dead Sea Scrolls.* (Baltimore: Penguin Books, Inc., 1956, p. 128 and 164. Vea también Millar Burrows, *The Dead Sea Scrolls* (New York: The Viking Press, 1955), 328-329, (New York: Gramercy Publishing Co., 1986)

48. Leon Morris & Donald W. Burdick, *The Expositor's Bible Commentary: Hebrews • James* (Grand Rapids: Zondervan Publishing House, 1996), p. 21, 22

49. Attridge, p. 5.

50. John Chapman, «Aristión, Autor of the Epistle to the Hebrews», *Revue Benedictine 22* (1905) 50-64.

51. *Oxford Dictionary of the Christian Church*, p. 82.

52. Nairne, op. cit., Notes, p. 39.

53. John W Burgon, *The Last Twelve Verses of Mark.* (The Sovereign Grace Book Club, 1959), p. 263-264.

Capítulo Seis

Conocemos al autor

Apolos, quien no escribió Hebreos, nos encaminará al autor si mantenemos nuestros ojos y oídos abiertos.

Seguro de sí mismo y motivado por una busca espiritual, desembarcó en Efeso e hizo camino hacia la sinagoga. Su meta era dar voz a sus expectativas mesiánicas, para informar y convencer. Un orador culturado y articulado, Apolos cautivaba a su audiencia. Lleno de escritura, ganó su respeto. No en la agenda, un hombre y mujer de la audiencia lo buscaron y llevaron a su casa. Un día anormal había amanecido para su huésped intelectual quien, en un cambio de papeles, empezó a recibir instrucción.

Ese día, el estudiado Apolos se convirtió en alumno de Priscila y Aquila. Lucas registra el evento, nombrando a Priscila antes de Aquila (Hechos 18:26). De esto podemos inferir que Priscila fue la maestra principal. Con perspicacia admirable, Crisóstomo, Arzobispo en el cuarto siglo de Constantinopla, nombró a Priscila como tutora: «...ella (Priscila) habiendo tomado a Apolos, un hombre elocuente, etcétera, le enseñó el camino de Dios, y lo convirtió en un maestro perfecto...»[1]

Ya hemos visto que Apolos, quien antes de esto «sólo conocía el Bautismo de Juan», fue, bien dicho, convertido por Priscila y Aquila. Harnack, en un estudio de mujeres en la iglesia primitiva, afirmó: «...fue la mujer quien — como Crisóstomo correctamente infiere ... - convirtió a Apolos, el discípulo de Juan el Bautista.»[2]

Lucas da claves adicionales con respecto al contenido de las enseñanzas de Priscila. Podemos estar seguros que sus enseñanzas eran intensas y comprensivas. La traducción de Hechos 18:26 en la NRSV, «le tomaron aparte y le explicaron más exactamente el camino de Dios» es menos contundente que «le tomaron aparte y le desarrollaron más exactamente el camino de Dios» (RSV) o «lo llevaron a casa» ... (NAB). La palabra traducida «desarrollaron» es ἐξέθεντο del ἐκτίθημι «explicar, exponer.» La misma palabra aparece en Hechos 28:23, donde Pablo *explica* el Reino de Dios usando las escrituras desde la mañana hasta la tarde.

Piénselo bien. Si Apolos era «poderoso en las escrituras» (Hechos 18:24) también lo fue Priscila, su maestra. Harnack y otros han observado que viendo que Apolos fue un griego culturado, Priscila también fue una mujer de cultura y estudio. Su papel en enseñar a Apolos la revela como una que es comparable a él en estudio, revelación espiritual, y experiencia en el campo misionero.

Ya que Apolos, como hemos visto, solamente conocía el bautismo de Juan, necesitaba ser bautizado así como otros discípulos de Juan el Bautista (Hechos 19:5). Lucas no «construyó un bautismo por Aquila» y no hay nada que sugiera que «esté reprimiendo un bautismo por Priscila», según la Prof. Antoinette Clark Wire[3] — implicando, por supuesto, que sus mentores, Priscila y Aquila, siguen siendo los más probables en haber bautizado a Apolos.

El tiempo había llegado para que Apolos saliera a Corinto. Corinto era tierra ajena para él, por esta razón necesitó una carta de introducción. ¿Quién era el mejor indicado en proveer tal carta? Tomemos un momento para pensar en esto. ¿Tal vez alguien que sabía que Apolos calificaba para predicar el evangelio? ¿Tal vez alguien que había sido un líder en la iglesia de Corinto y conocía a la gente de Corinto? ¿Tal vez Priscila?

Según Hechos 18:27, que declara sin compromisos que los «hermanos» en Efeso escribieron la carta, no fue así. Harnack pensó que Priscila fue en verdad quien escribió la carta.[4] Donald Wayne Riddle dice de manera improvisada que cuando Apolos fue a Corinto, Priscila y Aquila «le proveyeron una carta rogando que fuera recibido.»[5] George A. Barton postula más de una carta, o varias copias: «Aquila y Priscila lo animaron y le dieron cartas de introducción.»[6]

Hay más que observar concerniente al encuentro crucial de Apolos con Priscila y Aquila. Como se puede imaginar, Apolos fue un alumno apto. Al llegar a Corinto, empezó a predicar que Jesús era el Mesías profetizado en la escritura. Biblia en mano, poderosamente refutaba a la oposición. Si Apolos podía comprobar a Jesús como el Mesías, sólo fue posible porque Priscila ya le había instruido sobre el tema. Sólo después de su instrucción, se convirtió en un orador efectivo para la fe cristiana que se especializaba en comprobar que Jesús es el Mesías.

El tema que Apolos usaba para predicar es fiel al tema que Priscila le enseñó, y ese tema es idéntico al tema principal de la Epístola a los Hebreos.

Una coincidencia deslumbrante. ¿O es más que una coincidencia?

Si formamos la hipótesis que Priscila escribió la Epístola

a los Hebreos, tenemos entonces una hipótesis que explica esta coincidencia en particular, como «una teoría verdadera explica *toda* coincidencia.»

En total, hay seis referencias a Priscila y su esposo en la Biblia.[7] Cuatro veces su nombre aparece antes del nombre de Aquila, una indirecta a la preeminencia de Priscila.[8] Otra razón por nombrar la mujer primero, contrario a la costumbre, debe ser considerada. Si ella fuera de linaje más noble que su marido, según E.H. Plumptre y otros, en la «fórmula común de uso social..., su nombre naturalmente precediera.»[9]

Aquila era un evangelista cristiano por su propia cuenta, capturado por el desafió y la emoción de sus vidas. Las alabanzas a Dios resonaban en su hogar mientras los cristianos cantaban y oraban. Aquila y su esposa eran co-líderes de una iglesia en casa (célula) en Roma. El edicto de Claudio expulsando a los judíos de Roma[10] los llevó a Corinto donde una amistad íntima con Pablo resultó.

Es generalmente asumido que Pablo conoció a Priscila y Aquila por accidente, o al resultado de su común ocupación. Sin embargo, Verna J. Dozier y James R. Adams, coautores de *Sisters and Brothers* (Hermanas y Hermanos), tienen una idea diferente:

> ...Pablo encontró a Aquila y Priscila en Corinto, porque presumiblemente *los estaba buscando* (El uso de bastardilla es mío.).[11]

La palabra traducida «encontró» en Lucas y Hechos tiene dos sombras de definiciones. En Hechos 11:26 y Lucas 11:24, por ejemplo, significa encontrar después de haber buscado. En Lucas 4:17 y Hechos 17:23 significa encontrar por casualidad. Los léxicos citan que «encontrar después de haber buscado» es más común, pero el contexto debe ser evaluado.

¿Cuál significado aplica a Hechos 18:2? En Hechos 18:2, 3 leemos que Pablo «fue a verlos» y porque eran del mismo oficio, se quedó con ellos. ¿Es que Pablo «fue a verlos» después de un inicial encuentro accidental o primero averiguó dónde vivían y luego fue a verlos? Si Pablo verdaderamente buscaba a Priscila y Aquila antes de conocerlos, esto subrayaría la importancia de esta pareja en la iglesia de Roma.

En todo caso, la casa en Corinto era el «centro de operaciones» pues Pablo había entrado a vivir con ellos (Hechos 18:3). Pablo llegó a depender de su apta dedicación a Cristo. Cuando navegó a Siria, se llevó a Priscila y Aquila con él (Hechos 18:18).

El mismo arreglo que sirvió al trío en Corinto, con Pablo viviendo bajo el mismo techo, pudiera haber continuado en Efeso. Edmundson deduce: «Probablemente como antes, la casa de ellos era la casa del Apóstol», citando evidencia en los manuscritos.[12]

En I Cor. 16:19, escrita desde Efeso, Pablo envía saludos de Aquila y Priscila, y la iglesia en su casa, añadiendo, en varios manuscritos «παρ οἷς καὶ ξενίζομαι» (*con quienes también soy yo huésped*).[13]

«Con quienes también soy yo huésped»: esta frase significante ocurre en un grupo de manuscritos conocidos como D, F, lat, goth, Bede., indicativa de la tradición en la Iglesia Occidental de que Pablo vivía con la pareja en Efeso.[14]

Una imagen emerge de una pareja que toman grandes responsabilidades de liderazgo. Añade al esbozo su hospitalidad que es tan claramente resumido en el Nuevo Testamento. Con la excepción de los ricos, las casas y apartamentos del primer siglo eran chiquitas. Solamente los cristianos más prósperos con casas espaciosas podían proveer un cuarto suficientemente grande para los congregantes. Ni tampoco eran las reuniones una vez a la semana. Al principio, los cristianos se reunían diariamente para orar. En la hospitalidad de Priscila y Aquila, vislumbramos su relativa prosperidad.

Pablo se hospedó con ellos en Corinto, agradecido por un lugar donde vivir y trabajar (Hechos 18:3). Hubo ocasiones cuando conoció la necesidad, hasta el punto de no tener lo suficiente para comer:

> Sé vivir humildemente, y sé tener en abundancia; en todo y por todo soy enseñado, así como para estar saciado como para tener hambre, así para tener abundancia como para padecer necesidad.
>
> (Fil. 4:12)

Aparentemente, el hacer tiendas no era siempre lucrativo. Y en sus viajes, Pablo no recibía apoyo financiero de su familia próspera.

Por contraste, los dos amigos de Pablo se podían permitir un lugar donde vivir, suficientemente grande para hospedar así como para tener reuniones de adoración. Su superioridad financiera se puede explicar de la siguiente forma: Priscila era rica. Aplicada, trabajaba para mantenerse ocupada y para dar un buen ejemplo, mientras Aquila proveía para él y su familia por medio de su oficio.

Si Priscila fue simplemente una líder de la iglesia, lo pudiéramos apuntar a inteligencia y celo religioso. Pero si ella escribió la Epístola a los Hebreos, tendremos que descubrir cómo adquirió un conocimiento de la literatura clásica y del Antiguo Testamento tan marcada en la epístola. Si vino de una familia rica, su educación en literatura y filosofía se explica.

Esto nos lleva al corazón de nuestro estudio. Ni Pablo, Clemente, Bernabé o Apolos escribieron Hebreos, pero Apolos nos ha llevado al sospechoso principal. Por qué no metemos algunos hechos de Priscila en la computadora y vemos si puede identificarla como el autor.

La verdad cavada de la tierra

La verdad de Priscila y su familia fue literalmente desenterrada, puesto que sale de las tumbas subterráneas de Roma. El estudio de las catacumbas romanas ha establecido dos hechos sobresalientes:

1. Conocía a Pedro en Roma. Esto es congruente a nuestro estudio, pues enlaza con el modo de conversión de Priscila y Aquila.

2. Fue de una familia ilustra romana, que confirma sus calificaciones eruditas y culturales.

La historia de conversión enlaza con Priscila

Tenemos una buena idea de la manera en la cual Priscila y Aquila se convirtieron al cristianismo. Vivían en Roma. Roma primero escuchó el evangelio por cristianos judíos que habían huido de Palestina y Siria.[15] Geográficamente, estos cristianos judíos tuvieron toda la oportunidad de haber visto y oído el ministerio de Jesús. Pedro llegó en el año 42-43 D.C.

Los primeros cristianos en la ciudad vinieron de su población judía, [16] y otros que atendieron a la sinagoga. Los conversos como Priscila, la esposa de Aquila, un judío, que podían decir que personas que habían escuchado a Jesús les hablaron la palabra de salvación (Heb. 2:3).

Innegablemente, Priscila fue convertida en Roma, pues al llegar a Corinto ya era un líder de la iglesia. Ni pudiera Pablo, un misionero cristiano, haber encontrado hospedaje en su casa si fueran judíos expulsados de Roma por tener conflicto con los cristianos.[17]

La evidencia la conecta con una familia famosa de Roma, y en Roma vivió. Se piensa que Aquila, nacido en Ponto cerca del Mar Negro en Asia Menor, fue un esclavo liberado. Vivió en Roma lo suficiente para ganar su libertad y una esposa. (Es posible que la familia de ella fueran sus clientes.) No hay evidencia poniéndolos fuera de Roma durante la visita de Pedro.

De hecho, si Priscila escribió Heb. 2:3, seguramente estaba pensando en Pedro — un ejemplo sobresaliente de un hombre que escuchó el evangelio de salvación de parte de Jesús.

Expuesto A: Aviso al Papa Pío VI del descubrimiento de una placa de bronce en el domicilio de Priscila

Bibliothèque Nationale de France

Epitafio de una «Priscila» y su hermano M. Acilius.
Hypogaeum, Catacumba de Priscila
Priscila era un nombre común en la familia Aciliana.
Cortesía de Las Hermanas Benedictinas. Foto por PSCA

Ancla, cruz y pez, Catacumba de Priscila
El ancla es muy común en la catacumba de Priscila (Hebreos 6:19)
Cortesía de Las Hermanas Benedictinas. Foto por PSCA

Priscila conoce a Pedro

Arthur S. Barnes piensa que Pedro acompañó a Priscila y Aquila cuando Claudio expulsó a los judíos de Roma.[18] Es posible que tenga razón. Pedro tenía discípulos fervientes en Corinto. Su presencia allí es un «deber» para explicar la facción que creció alrededor de él (I Cor. 1:12; 3:21b, 22). El Obispo Dionisias, en 170 D.C., escribe de Pedro y Pablo quienes «sembraron en nuestro Corinto y nos enseñaron en conjunto.»[19] Entonces Pedro, así como Pablo, estaban en Corinto con Priscila y Aquila.

Priscila y Aquila conocían a Pedro antes de huir a Corinto. Ponemos nuestra atención en Roma, donde se conocieron por primera vez.

No mucho después de que los primeros inmigrantes cristianos llegaron a Corintio, Pedro llegó a Roma en 42 o 43 D.C., según Jerónimo.[20] Eusebio pone fecha a la primera visita de Pedro durante el reino de Claudio (41-54 D.C.).[21] Todos los corresponsales del primer siglo dicen que Pedro fue el primer Apóstol en predicar en Roma.[22] Uno de los convertidos de Pedro fue Pudente, un senador romano. La tradición muy temprana en la historia lo equivale al mismo Pudente nombrado por Pablo en II Tim. 4:21. Por la misma tradición, ofreció su casa a ambos Pedro y Pablo.[23] En este hogar en el Aventino, se dice que Pedro había ofrecido el pan y el vino de la cena de la comunión.[24]

Entonces Pedro vivió en o visitó la casa de Pudente, donde dirigía servicios religiosos. ¿Cómo conectamos Priscila con Pudente, y consecuentemente con Pedro? Priscila y Pudente eran miembros de la misma familia. Esta afirmación merece y recibirá autenticación esmerada.

Antes de entrar en nuestro argumento, quiero hablar de

«tradición», una palabra clave. «Tradición» es una luz amarilla, señalándonos a seguir con precaución. Esto mismo haremos. Si nos encontramos con una tradición *tardía,* muy lejos de los tiempos apostólicos, es posible que estemos tratando con una leyenda. *«Leyenda»* es una palabra roja que nos traerá a un brusco fin. Si, por el otro lado, nuestra tradición es *temprana,* y si podemos trazarla a una fuente fidedigna, entonces podemos hacer juego con otros hechos y ver si queda.

Por ejemplo, una tradición temprana dice que la casa de Pudente estaba debajo de la Iglesia de San Pudenziani (o Pudencia), nombrada por su hija. En 1870 algunos hombres estaban cavando debajo de esta iglesia. Penetraron a un espacioso edificio hecho de ladrillo — la casa de Pudente. Cuando sus palas pegaron contra ladrillo, pegaron contra lo que estamos justificados en asignar como evidencia contundente.

En el siglo dieciocho una serie de descubrimientos arqueológicos empezaron, teniendo que ver con Priscila. Uno de estos descubrimientos muestra que la casa de Priscila estaba colocada en la finca de Pudente. Primero describiré los descubrimientos. Luego haremos algunas obvias conclusiones.

La antigua Iglesia de Santa Prisca, sobre el Aventino, fue construida sobre la casa de Priscila y Aquila, según tradición venerable — trazable quizás hasta los tiempos apostólicos. Hasta el siglo catorce, una inscripción declarando su origen apostólico adornaba el arquitrabe. Los eruditos de catacumbas De Rossi y Marucchi encontraron extraordinaria evidencia corroborativa.

Según ellos, dos descubrimientos importantes habían ocurrido en el siglo dieciocho. El narrativo se lee como una historia de misterio. Primero cavaron en el jardín cerca de la iglesia, llevándolos a la excavación de una antigua casa romana. De esta manera cuentan la historia Tuker y Malleson:

los restos de una antigua casa romana fueron excavados cerca de la basílica, y dentro de ella se encontró una inscripción sobre bronce, que ahora se encuentra en la Biblioteca Vaticana, refiriéndose al dueño de la casa *Cornelianus Pudenti*, senador de Roma en el año 222. Desafortunadamente estas ruinas interesantes han sido ya destruidas, pero los registros y la circunstancia de que la habitación de Cornelio de la familia de Pudente estuvo sobre este sitio, son suficientes para mostrar la cercana relación entre el *domus Priscae* sobre el Aventino y el *domus Pudentianae* sobre el Esquilino, y presentan una confirmación valiosa de la tradición de que ésta es la «*ecclesia domestica*» de Priscila.[25]

H.V. Morton, relatando su visita a la Iglesia de San Priscila, y citando la tradición apostólica que fue construida sobre la casa de Aquila y Priscila, tiene esto que decir:

... existe ... un misterio curioso conectado con esta iglesia que merece la atención de los arqueólogos. En el año 1776 un oratorio subterráneo fue descubierto cerca de la Iglesia de Santa Prisca. Las paredes estaban decoradas con frescos del cuarto siglo. Sin por lo menos dibujar un plano o copiar los cuadros, los descubridores aparentemente encerraron el oratorio otra vez. Hay poca duda de que éste fue el emplazamiento original de la casa de Aquila y Priscila.

El único anuncio de este descubrimiento extraordinario está escrito en un pedazo de papel preservado en la Bibliothèque Nationale en Paris, firmada por un hombre llamado Carrara y dirigido hacia el Tesorero del Papa Pío VI. Que yo sepa, ningún intento se ha hecho en descubrir el oratorio desde entonces.[26]

Más del oratorio y sus frescos antiguos:

... Esta casa (de Priscila y Aquila) se convirtió en uno de los primeros oratorios donde la oración cristiana, en Roma, se elevó a Dios. Pablo, al estar en Roma, tenía todo motivo para ir allí y hablar a los fieles, y este recuerdo era digno de una consagración jamás olvidada, por lo tanto — un santuario fue levantado en este lugar cuando la paz dada a la iglesia en el cuarto siglo hizo posible el conmemorar tradiciones que, aunque antiguas, eran firmes... Otros descubrimientos atestiguan al hecho de que el recuerdo de los apóstoles estaba ligado a una esquina de la colina donde Santa Prisca se encuentra. Bajo Pío VI, un oratorio antiguo fue descubierto allí, decorado con pinturas del cuarto siglo, en los cuales imágenes de los apóstoles permanecían. Es allí,...que, según Bianchini en sus comentarios en el Liber Pontificalis, donde un vaso grabado del cuarto o quinto siglo, decorado con efigies ahuecados representando a los apóstoles, fue descubierto, en el cual tres nombres todavía se podían leer: Petrus, Andreas, Philippus. De Rossi indicó que en su tiempo, otro vaso similar fue descubierto en la viña de la escuela (colegio) romano cerca de San Prisca: «¿No es curioso que, se dice, el encontrarse con tal evidencia tan imperecedera a los apóstoles en este lugar que se conoce como haber sido honrada por la presencia de Pedro y Pablo, viviendo con Aquila y Priscila? ¿No puede uno ver en la tenacidad persistente de los recuerdos una confirmación de la información popular, y depender de esto mismo para localizar en este lugar el hogar de estas dos personas importantes?»[27]

La referencia a Pablo viviendo con Aquila y Priscila es interesante; ya hemos mencionado la antigua tradición de que Pudente había abierto su hogar a ambos Pedro y Pablo. Sin duda, Pablo de vez en cuando gozó de la hospitalidad de los parientes de Priscila durante su estancia en Roma.

Encontramos en otro códice, Vat. Lat. 1193, 46rb, una colección de sermones sobre Priscila y Aquila, dados por Pedro el Diacono de la histórica abadía benedictina de Monte Casino. Monte Casino, reconstruido después de la Segunda Guerra Mundial, es el principal monasterio de la Orden Benedictina.[28] Pedro el Diacono (1075 — 1139), escribiendo en latín, entregó esta información:

> «la autoridad apostólica consagró la casa de los bendecidos Aquilo y Prisca en honor de la iglesia católica y le dio el nombre de la Santa y Inseparable (o, Indivisible). En la iglesia, la autoridad apostólica ordenó edificar un bautismal con una fuente perpetua.»[29]

Estoy endeudada a Leonard E. Boyle, de la Biblioteca Apostólica Vaticana, por su traducción. Boyle presume que «la autoridad apostólica» se refiere a Pedro y Pablo.

Pedro el Diacono, escribiendo en el siglo doce, se refirió a la tradición antigua y frecuente. Este documento con su referencia a un bautismo, testifica de su lugar de adoración amplio e importante en la casa de Priscila y Aquila. Viendo que iglesias no fueron construidas hasta el cuarto siglo, esta referencia a un bautismo en una casa privada en tiempos apostólicos, es aun más impactante.

Expuesto A —
Una tabla de bronce en un antiguo hogar romano

H.V. Morton hablo de un «pedazo de papel» dando noticia al Papa Pío VI del descubrimiento de un oratorio antiguo en el sitio de la casa de Priscila y Aquila. Esta noticia, preservada en un códice Vaticano, informalmente escrito en una sola página,[30] documenta la previamente mencionada tabla de bronce encontrada en ese lugar. La tabla, del año 224 D.C., conmemora un honor dado a un senador, Caius Marius Pudens Cornelianus. (Una ciudad española otorgó ciudadanía sobre él.)[31]

Entonces, una tabla de bronce se encontró con el nombre de Pudente Cornelianus, debajo de la antigua Iglesia de Santa Prisca sobre el Aventino, nombrado por la esposa de Aquila.[32] Puesto que la iglesia fue construida sobre la casa de Priscila y Aquila,[33] la tabla fue, en efecto, descubierta en su casa. Significando, por supuesto, que vivieron en propiedad que le pertenecía a la familia Corneliana.[34] Comprensiblemente, tales inscripciones eran puestas donde el hombre que estaba siendo honrado vivía — o donde sus descendientes vivían.

Como ella y su esposo vivieron en la propiedad de la familia de Pudente, eran sirvientes o miembros de la familia. ¿Si eran sirvientes, por qué fue puesta la tabla de bronce en su hogar? ¿Por qué no fue puesta en la casa de Pudente, debajo de la Iglesia de San Pudencia, o en el edificio debajo de la Iglesia de San Práxedes? Estas dos últimas iglesias mencionadas, ambas localizadas en la propiedad de Pudente, son nombradas por sus dos hijas.[35] Aparentemente, Priscila y Aquila eran miembros de la familia. La tabla de bronce es Expuesto A en el caso de Priscila como pariente de Pudente — y una mujer romana de alta sociedad.

Otro punto más: Si Priscila vivió en la propiedad de la familia de Pudente, ¿Cómo pudiera fácilmente evitar el conocer a Pedro, invitado de Pudente? La presencia de Pedro, virtualmente en su umbral, significa que Priscila lo conoció.

Expuesto B —
Vía Salaria 430

Expuesto B no es nada menos que una vasta Ciudad de los Muertos subterránea - la tumba de Priscila en la Vía Salaria. En estas catacumbas encontraremos prueba dramática de que Pedro estaba cercanamente asociado con Pudente (y Priscila). Aquí conoceremos al resto de la familia de Priscila.

La tumba de Priscila, encontrada otra vez en la primera parte del siglo diecinueve, fue descrita por Baronius.[36] Directo al punto, está sobre — o mejor dicho, debajo de — la propiedad de Pudente. Fue nombrada por su madre no por la esposa de Aquila. [37]

La Tumba de Priscila originó en el primer siglo. Hay criptas del primer y segundo siglo testificando de su antigüedad. El estilo y la fraseología de las inscripciones, y frecuente uso de griego en los epitafios, todo apunta a una fecha muy antigua.[38] Como dice Edmundson: «Las partes más viejas de la Catacumba de Priscila son consideradas por De Rossi, Marucchi, Lanciani, y las mejores autoridades ser de la mitad del primer siglo. Las inscripciones más antiguas están en rojo y muchas en el idioma griego.»[39]

Betteson también registra varias inscripciones del primer siglo.[40]

Edmundson comenta sobre «la aparición del nombre de Pedro en ambos griego y latín, entre la inscripciones de las más antiguas tumbas cristianas, *especialmente en la catacumba de Priscila del primer siglo*» (El uso de bastardilla es mío.). Continúa: «La aparición de este nombre no común sobre estas tumbas cristianas puede mejor ser explicada por la suposición de que aquellos quienes lo llevaban o sus padres habían sido bautizados por Pedro.»[41]

Pedro bautizó en el cementerio de Priscila

Si Pedro predicó, enseñó y bautizó en las catacumbas de Priscila, significa que llevó acabo su obra en la propiedad de Pudente, a un lado de la casa de Priscila.

Referencias a la *Coemeterium ad Nymphas beati Petri ubi baptizaverat* o «Cementerio de las fuentes donde Pedro bautizó»[42] pueden ser trazadas hasta el quinto siglo.[43] Hubo un tiempo cuando se creía que el escenario del ministerio de Pedro era el Coemeterium Ostrianum.[44] Con el descubrimiento del cementerio de Priscila, ahora sabemos lo opuesto. Los exploradores encontraron un embalse grande en el primero de sus dos pisos, y otros más chicos en varios pasillos.[45] Con aptitud asombrante la Catacumba de Priscila le queda a la descripción *ad Nymphas* (de fuentes) mejor que cualquier otra.

En demostración dramática, Marucchi le mostró a eruditos pilas llenas de agua en las criptas de la Catacumba. ¡Imagínese! ¡Quizás el mismo lugar donde Pedro predicó y donde bautizó a sus primeros convertidos![46] ¿Bautizó a Priscila y Aquila? El razonamiento deducido apunta como una flecha en esa dirección.

Ya hemos hablado de Priscila y Pedro, y como sabemos de que fueron socios cristianos por muchos años. Dos verdades emergen de su amistad. Primero, para repetir: Priscila pudiera haber escrito la historia de conversión en Heb. 2:3, pensando en Pedro quien oyó al Señor Jesús. El segundo punto es de suma importancia: el filósofo judío Filón de Alejandría, cuyos escritos son repetidos en Hebreos, tuvo largas conversaciones con Pedro en Roma. Priscila, estando en la escena, podemos estar seguros de que participó en las discusiones. Aquí está la historia:

Filón fue a Roma en 40 D.C. para defender a los judíos de Alejandría acusados por los griegos de no dar honor a César. El Emperador Gayo bruscamente lo expulsó, rehusándose a escuchar su apelación.[47] Tenga en mente, en el reinado de Gayo (37-41 D.C.) Filón era renombrado como erudito, aun entre los Paganos. Filón, más que un poco resentido, inmortalizó las malevolencias de Gayo en una obra llamada «Virtud» — un título satírico. Cuando Claudio se hizo Emperador, Filón leyó la obra entera al Senado romano. Para entonces, era tan aclamado que sus escritos estaban en las bibliotecas.[48] Durante esta segunda visita, se dice que Filón tuvo conversaciones con Pedro. Eusebio hasta dice que Filón vino a Roma para conocer a Pedro.[49]

Se puede entender la pertinencia de la estancia de Filón en Roma y el hecho de que sus escritos eran conocidos y honrados allí. Muchos eruditos, citando la influencia de Filón en la Epístola a los Hebreos, decidieron que, como Filón, el autor vivió en Alejandría. Ésta es una razón por qué Apolos, de Alejandría, fue un candidato popular. Pero ahora vemos que Priscila, viviendo en Roma, tuvo oportunidad de leer las obras de Filón, hablar con él y usar algunas de sus ideas.

Esto es un punto importante porque paralelos con Filón son dominantes en Hebreos. Johannes B. Capzov originó una área de investigación cuando en, 1750, encontró paralelos con Filón en casi cada versículo de la epístola.[50] Un ejemplo sobresaliente es la idea platónica, avanzada en Filón, que el mundo es una sombra o un dibujo de un modelo del cielo. A lo largo de los capítulos 8 y 9 en Hebreos, el autor distingue entre el santuario verdadero celestial y el santuario terrenal, un símbolo indistinto. Otros ejemplos pueden ser dados.

Sin embargo Priscila fue discípulo de Pedro — ¡no de Filón! Como una evangelista y maestra cristiana, tenía que estar arraigada en la historia y doctrina bíblica.

En ningún lugar de Hebreos encontramos la inclinación de Filón hacia la alegoría. Conceptos platónicos, prestados de Filón, ayudan al desarrollo de enseñanza cristiana. Al contrastar el santuario celestial y terrenal, el autor utiliza una idea platónica, en Filón, para ilustrar un punto. Como sumo sacerdote en el santuario celestial, Jesús es mediador de un nuevo pacto — en cumplimiento del antiguo pacto, representado por un tabernáculo terrenal (Heb. 9:15)

El platonismo de Filón es sólo una pista de lanzamiento para la enseñanza del autor:

> Porque no entró Cristo en el santuario hecho a mano, figura del verdadero, sino en el cielo mismo para presentarse ahora por nosotros ante Dios. (Heb. 9:24)

Para recapitular, como residente de Roma, asociada con Pedro, posiblemente haber conocido personalmente a Filón, Priscila pudiera muy bien haber escrito Hebreos con sus paralelos Filonios apoyando la enseñanza cristiana.

Expuesto C —
Un descubrimiento extraordinario en el Cementerio de Priscila

Regresemos a las catacumbas en el rastro de la familia de Priscila. Así como su casa la relaciona con Pudente, también lo hace su lugar de entierro. Las tumbas de Priscila y Aquila están en las catacumbas de Priscila, juntamente con las tumbas del Senador Pudente[51] de la familia Cornelina y sus dos hijas.[52] Tuker y Malleson declaran: «Los Martirologios, el Acta, los Itinerarios, todos dicen que aquí fueron enterrados. Otra confirmación de la relación de Priscila con la madre de Pudente.»[53]

Estoy endeudada con Joan Morris, autor, lingüista e historiadora de arte, quien me escribió en 1972 acerca de su visita a la Catacumba de Priscila. Mencionó la lista de gente enterrada allí hecha por Marucchi, una lista incluyendo a «Prudencia y Práxedes, las hijas de Pudente, miembros de la familia Acilio Glabriones, y Aquila y Priscila de la misma familia.»[54]

Otros ciertos fueron sacados de las criptas en el cuarto siglo, pero los cuerpos de Pudente y sus hijas, y Aquila y Priscila no fueron perturbados «hasta la temporada de Leo IV a mediados del siglo nueve.»[55] Aunque reliquias de estos y otra gente notable fueron sacadas en el siglo nueve, su entierro en la Catacumba de Priscila es mencionada en los siguientes documentos antiguos:

Calendario Filocaliano
Gli'Itinerari
Liber Pontificalis
The Catalogue of Manza.[56]

En 1988, yo tuve una oportunidad de visitar la Catacumba de Priscila. La Hermana Maria Francesca de las Hermanas Benedictinas, quienes cuidan las catacumbas, y viven en «La Casa de Priscila», me dio un recorrido especial. Pude ver la catacumba, que, me explicó, existe de desde el primer siglo. Me dijo que ciertamente Priscila y Aquila fueron enterrados allí, aunque no hay una tumba identificando el lugar exacto.

Edmundson relata que una «tradición muy bien autenticada» pone las tumbas de Aquila y Prisca junto a la inscripción de Tercio, quien es posible haber sido el escribiente de Pablo. De mucha importancia a nosotros, esta inscripción está cerca del mausoleo de una familia noble romana.[57]

El año 1887 le dio al mundo un descubrimiento de gran importancia en su búsqueda del autor de Hebreos. Yo le llamo *Expuesto C.*

La cripta de la familia destacada, los Acilii Glabriones, fue descubierto el la Catacumba de Priscila.[58] Además, su cripta está en la parte más vieja del cementerio,[59] deben entonces ser la familia que originó el lugar. Y la entrada a las catacumbas está debajo de la elegante residencia de la familia Acilii.[60]

Esto comprueba que la familia Corneliana, de la cual Pudente era miembro, y las familias de Acilii tenían en común un lugar de entierro.[61] Después de todo, Pudente era dueño del cementerio edificado sobre su propiedad. Es poco probable que la familia Acilii, ricos y distinguidos, escogería una tumba prestada para ellos mismos. Pudente pertenecía a la eminente casa de Acilii Glabriones, como propuso De Rossi.[62] Sus colegas, eruditos italianos muy reconocidos, concuerdan enfáticamente.[63] Si Priscila es pariente de Pudente, lo será también de Acilii Glabriones.

¿Que hay en un nombre?

¿Se dio cuenta de una cierta «coincidencia»? Priscila tiene el mismo nombre que la madre de Pudente, por quien el cementerio fue nombrado.[64] Primeros nombres ocurrían en familias específicas en estilo estereotípico,[65] y Priscila fue un primer nombre común en la familia Glabriones.[66] Algunos ejemplos pueden ser citados:

Primer Siglo: Madre de Pudente, *Priscila.*

Un tal Manius Acilius y su hermana Priscila son nombrados en una inscripcion[67] en el hipogeo.[68] (En mi visita a la catacumba, me interesó mucho ver un pedazo de mármol con el nombre «Priscila» inscrito bajo el de «M ACILIUS»).

Viendo que la catacumba es la parte más vieja del cementerio, podemos deducir que la inscripción es del primer siglo.

Segundo Siglo: Varios, incluyendo Arría Lucii filia Plaria Vera Priscila, o «Arría Priscila» —esposa del cónsul de 152 D.C., Manius Acilos Glabrio Cornelius Severus. Él también tuvo una hija llamada *Priscila*.[69]

Note que la esposa de Aquila vivió en la propiedad de ellos, y pesa la repetición del nombre Priscila en la familia Glabriones. Hay tres posibilidades:

1. Pudo haber sido una sirvienta (por ejemplo, una esclava o una mujer liberada) de la familia Cornelina o Aciliana, su nombre siendo una simple coincidencia.

2. Pudo haber sido una sirvienta que asumió el nombre Priscila por alguna razón.

3. Pudo haber sido miembro de la familia.

Algunos eruditos creen que ambos Priscila y Aquila eran esclavos liberados, pero Ramsay y otros dicen que ella fue miembro de la familia.[70] Muchos eruditos aún ignoran los descubrimientos en la catacumba y así evitan la pregunta completamente.

Veremos los alternativos.

1. Obviamente, ni Priscila ni Aquila llevaban el estatus de esclavos. Eran libres para viajar. Aquila pudo haber sido un ex-esclavo, pero no Priscila:

   * Los esclavos eran un elemento extranjero, incautados en otras partes del imperio y llevados a Roma. Priscila, que tiene nombre romano, y que sepamos, nació en Roma.

   * La tabla de bronce honrando a Pudente (Expuesto A) no hubiera sido puesto en casa de un sirviente en preferencia al hogar de un familiar.

﹡ Cuando era posible, las iglesias de hogar estaban en las casas espaciosas de los ricos. Los cristianos frecuentemente se reunían para orar. Dudo si sirvientes tenían el tiempo (y permiso) para dirigir frecuentes servicios.

2. ¿Adoptó Priscila su nombre? Es verdad, era la costumbre de un esclavo adoptar el nombre de la persona quien le dio su libertad.[71]Los primeros nombres no formaban parte de esta costumbre. No tenemos ninguna razón para pensar que Priscila en ningún momento tuvo otro nombre. E.H. Plumptre argumentó: Su nombre, Priscila, o, como lo vemos en el mejor manuscrito de 2 Tim. iv.19, y Rom. xvi.3, Prisca, era de una de las familias más ilustres de Roma. En la larga lista de aquellos que lo usaron en su forma masculina, Priscus (como lo encontramos en, eje., «Diccionario de Biografía Clásica» del Doctor Smith), nos encontramos con toda clase de rango importante: cónsules, legados, magistrados, cuestores, caballeros. *Si encontráramos el nombre femenino en cualquier capítulo de Tacitus o Suetonius, la inferencia natural fuera que estaba relacionada por nacimiento o adopción a un miembro de los genes (casa o tribu) de estos Prisci. No hay ninguna instancia que yo sepa, de que el nombre le pertenezca a una mujer de origen judío.*[72] (El uso de bastardilla es mío.)

3. La educación y confianza en sí misma de Priscila apoyan la teoría de Sir William Ramsay. Fue una mujer romana, nacida a una familia aristócrata. Plumptre y otros sugieren que el hecho de que Pablo nombró a Priscila primero, antes de Aquila, en algunas ocasiones,

fue a consecuencia de su estatus social más alto.[73] Otra inferencia deducida es que la casa en Roma era su propiedad.[74]

Quizás se pudiera hacer esta pregunta: ¿pudiéramos saber por medio de inscripciones en sus tumbas si Priscila y Aquila eran sirvientes o miembros de la familia Aciliana? La respuesta es no.

A diferencia de sus vecinos paganos, los cristianos inscribían sólo sus primeros nombres en las tumbas, con pocas excepciones.[75] Aun si pudiéramos encontrar la tumba de Priscila, es probable que no revelara el apellido de su familia. El tipo y sitio de las tumbas no nos dan más información. Spence-Jones explica que así como a esclavos se les dio igualdad en la vida de la iglesia, se les daba igualdad con sus dueños en la «hospitalidad acordado a ellos en su muerte.»[76] Los esclavos y liberados eran enterrados en pasillos alrededor de la cripta de la familia.[77] Hertling comenta que muchos Acilianos fueron enterrados en pasillos alrededor de la cripta de la familia, en el Cementerio de Priscila.[78] De esto, deducimos que esclavos, liberados y sus amos no eran enterrados en lugares segregados.

¿Eran los Glabriones una familia cristiana? Muchos lo eran, pero no todos. Acilius Glabrio, cónsul en 91 D.C., fue martirizado por Domiciano junto a otros cristianos.[79] En sus criptas, símbolos cristianos fueron tallados en los sarcófagos que llevan el nombre de la familia.[80] Podemos entonces añadir este hecho de Priscila: se sabe que su familia tuvo otros miembros cristianos además de Pudente y sus hijas.

Más de la familia de Priscila

Los Glabriones Acilianos fueron una familia prestigiosa. Conociendo el alcance y naturaleza de su eminencia, podemos ver mejor como Priscila obtuvo alturas literarias.

Pudente fue un senador. Si De Rossi tiene razón, pudo haber sido un cónsul.[81] Los historiadores Suetonius y Dion Cassius registran que Acilius Glabrio, cabeza de la familia, fue cónsul en 91 D.C.[82] Ni estuvo solo en su cargo. Nueve miembros de los Manius Acilius Glabrio fueron cónsules. Estableciendo el precedente fue Acilius Glabrio en 191 a.C.[83] Fíjese en el diagrama genealógico en la página 135. Por favor note que un miembro de la familia de Priscila era cónsul en el año 54 D.C., el año en que Nerón sucedió a Claudio. Me referiré a esto otra vez al final del capítulo.

¿Qué significaba ser un cónsul? El siguiente paso para arriba era Emperador. Pueden ser comparados al presidente americano. Ejerciendo un enorme poder político en la república (250-81 a.C.), presidían sobre el senado. En tiempo de guerra, el cónsul era el jefe comandante.[84] Aun bajo el Imperio, dos cónsules eran elegidos cada año, su cargo siendo uno de gran honor.[85] Claro que sus poderes eran limitados. Pero el título «cónsul», otorgado por el emperador, era «el honor más grande del mundo» hasta el sexto siglo D.C.[86]

Los cónsules eran derivados de la aristocracia.[87] Otros no podían permitirse el trabajo, pues no se les pagaba. Tenían que organizar juegos atléticos junto con toda su pompa. Por esto y por otros gastos incurridos por su carga, no eran reembolsados completamente.[88]

Hija de la nobleza, Priscila tuvo una buena educación. En los tiempos de los César, las niñas eran frecuentemente enseñadas en clases no segregadas con niños, y venían a ser intelectualmente igual a los hombres educados.[89] En una familia rica, seguramente estudiaría literatura, retórica y filosofía griega y romana. El mundo antiguo valoraba el oratorio. Aquellos que participaban en él, se esperaba que sobresalieran. Podemos ver por qué y cómo ella fue entrenada para este papel. Su destreza es evidente en Hebreos, una carta muy impresionante al leerla en voz alta.

De hecho, Priscila continuó una tradición de la familia. Cicero reporta que Manius Acilius Glabrio, cónsul en 95 a.C., fue entrenado expertamente en el oratorio por su abuelo materno. Otro antecedente de Priscila, M'. Acilio Glabrio, sin duda entrenado para la tarea, suplicó a favor de un tal M. Aemilius Scaurus en el juicio de Scaurus en el año 54 a.C.[90]

Es también claro por qué ella tenía la libertad de proseguir sus intereses religiosos. Las mujeres romanas de alta clase, con dinero y sirvientes, podían prácticamente hacer lo que les gustara. Dotada con intelecto y fluencia, Priscila habló a favor de su salvador. Infundida con la misma elocuencia y lógica, la Epístola a los Hebreos aun edifica a la iglesia. Eugenia Price lo resume así: «Priscila fue una *erudita*.»[91]

Elsie Culver etiqueta a Priscila «sofisticada.»[92] Su confianza en sí misma (un rasgo aliado) era sin límite y expresado en muchas formas: encabezando iglesias, viajando, trabajando en un oficio con su esposo; actuando como mentor al reconocido Apolos. Todo esto le queda a su trasfondo familiar.

Ya hemos apoyado el argumento: El autor de Hebreos era «famoso» —una persona conocida a la iglesia primitiva, y ninguna persona desconocida e hipotética puede ser considerada. ¿Por qué? Para repasar las razones: Un compañero de Timoteo, el autor era del círculo de Pablo. Los lectores, animados a apropiarse de las promesas de Dios, fueron tratados por alguien que estaba en una posición de autoridad espiritual. Es alguien que había vivido y enseñado entre ellos por años. Ahora, los lectores estaban en varias congregaciones, pues fue escrito: «Acordaos de vuestros pastores...» (Heb. 13:7). Un maestro (o predicador) reconocido, mucho más que el liderazgo de una sola iglesia-hogar, intelectualmente, culturalmente y espiritualmente de estatura impresionante, nuestro escritor era de gran influencia.

Priscila coincide con esta descripción. Su fama es sin duda. Su nombre es tallado en muchos monumentos romanos incluyendo la Iglesia de Santa Prisca. Los primeros escritores cristianos la alabaron de a montón, ensalzando su denuedo, habilidad y santidad. Una leyenda creció alrededor de ella en el décimo siglo «Hechos de Santa Prisca.»[93]

Yo prefiriera utilizar inferencias de la Biblia en lugar de cualquier otra fuente, y la escritura es muy clara en este punto. Priscila era conocida en varias ciudades. Desde Efeso, Pablo envió «muchos saludos» de parte de Priscila y Aquila a la iglesia de Corinto. Corinto recordó la mujer que había sido su maestra inspirada, estableciendo el fundamento de su fe por dieciocho meses. Ella y su esposo comandaban la atención de *todas* las iglesias en forma dramática cuando Pablo registró su gratitud en estas palabras:

> Saludad a Priscila y Aquila, mis colaboradores en Cristo Jesús, que expusieron su vida por mí; a los cuales no sólo yo doy gracias, sino también *todas las iglesias de los gentiles*; saludad también la iglesia en su casa. (Romanos 16:3-4). (El uso de bastardilla es mío.)

Culver piensa que Priscila era conocida por una razón adicional; fue ella quien copió y envió algunas de las cartas de Pablo a las iglesias. Priscila pudo haber sido la «secretaria» de Pablo, como propone Culver. Su fama, sin embargo, no fue derivada, y creció mientras la iglesia admirablemente la miraba en acción — enseñando y predicando; arriesgando su vida para rescatar a Pablo; enfrentándose a Apolos, un teólogo destacado de su tiempo, y trayéndolo al redil cristiano.

Culver ha propuesto una hipótesis muy intrigante, el cual no estoy preparada para defender, pero no puedo resistir mencionar. Brevemente puesto, la combinación del estilo deslumbrante de Pablo y el talento literario de Priscila fue demasiada tentación para Priscila. Ella «mejoró» las epístolas, no sabiendo lo que hoy sabemos — vendrían a ser sagrada escritura. Las correcciones de Priscila le dieron a los escritos de Pablo el estilo y brillo esporádicos que han confundido a críticos del Nuevo Testamento.

Según la teoría de Culver, se dice que tres cartas fueron mejoradas: Filipenses, Filemón y Colosenses. Pablo las escribió en Efeso en 52-55 D.C. La mayoría de eruditos creen que fueron revisadas en Roma en 59-61 D.C.[94] En ese tiempo, dice Culver, Priscila y Aquila habían salido de Efeso y estaban en Roma «de permiso». Entonces Priscila pudiera haber sido la editora.

Culver añade que varias copias de romanos (escritas en Corinto en 55 D.C.) fueron descubiertas en Efeso y otras ciudades. Priscila, quien estuvo en Efeso por varios años actuó como secretaria distribuyendo copias de romanos a varias ciudades. Y *editando*.

Puede ser que Culver tenga razón. Priscila y Aquila pudieran haber estado en Roma en 59 D.C. Quizás querían visitar la familia de Priscila. Por el otro lado, está equivocado en citar Rom. 16:3-4 como prueba. Pablo *sí* saludó la pareja en Rom. 16:3-4. Pero parte del capítulo 16 (v. 1-20) hace falta en ciertos manuscritos muy viejos. Por esta y otras razones, muchos eruditos creen que Rom. 16:1-20 fue añadida a una copia enviada a Efeso.[95] Esto no confute la teoría de Culver de que Priscila estaba en Roma en 59 D.C., una posibilidad viable. Pero no concedo en que Priscila estuvo allí en 55 d.C cuando Pablo escribió la epístola, quedándose cinco o seis años antes de regresar a Efeso. Primero, porque un caso muy fuerte puede ser hecho para la teoría de Schulz y Renan que Rom. 16:1-20 fue enviado a Efeso solamente. [96] Segundo, porque no podemos poner a Priscila y Aquila en Roma en 59 D.C. con ninguna certidumbre.

Sólo podemos decir que si algunas de las epístolas de Pablo fueron editadas, es posible que Priscila fuera la editora.

¿De aquí adonde vamos?

Está empezando a tener sentido —buen sentido— el afirmar junto con Harnack y otros que Priscila es la autora de la Epístola a los Hebreos. Algunas preguntas faltan para ser mencionadas y contestadas.

Quien escribió Hebreos conocía más que literatura y filosofía. Esa persona tenía una comprensión sólida del Antiguo Testamento. Si Priscila escribió Hebreos, tendremos que explicar cómo es que Priscila llegó a dominar el Antiguo Testamento. Tendremos que decidir si el autor, aparentemente judío, tenía que ser judío por nacimiento así como de fe. También queremos saber de Aquila. ¿Cuál fue su estatus social? ¿Es razonable pensar en él como casado con Priscila, una aristócrata intelectual?

Cuando estas preguntas hayan sido contestadas, pasaré a mostrar que Hebreos fue dirigido hacia los cristianos judíos en Efeso, donde Priscila y Aquila tuvieron un ministerio duradero. Después ofreceré una explicación por su ausencia temporal y cómo la carta a los Hebreos fue escrita de Roma.

Priscila conoce a los profetas

El judaísmo de primer siglo era una fe misionera. Muchas mujeres gentiles eran atraídas a su único Dios y altos niveles morales. Ramsay cree que Priscila fue uno de estos prosélitos.[97] La influencia de Aquila, que era judío, y trabajaba por Pudente, pariente de Priscila,[98] debe también ser tomado en cuenta.

Cuando Priscila echó su suerte con los judíos de Roma, se convirtió en parte de una comunidad considerable. Los judíos eran numerosos en Roma, como sus catacumbas testifican.[99] Expulsados por edicto de Claudio, muchos regresaron después de su muerte en 54 D.C. Pronto numeraban alrededor de 25,000.[100] Su población es estimada entre 30,000 y 50,000 en el reinado de Nerón (64-68 D.C.).[101] En total, tenían más de trece sinagogas.[102]

Los primeros convertidos cristianos salieron de las sinagogas,[103] un señal de que una rama inconformista del judaísmo estaba representada en Roma. Estos judíos, conocidos como esenios, eran relacionados con — sino lo mismo que — sectarios del Qumrán a un lado del Mar Muerto. Por todas partes, fueron los primeros en aceptar la nueva fe. Los emigrantes cristiano-judíos de Palestina y Siria tenían en sus rangos muchos que fueron previamente esenios.

Un diálogo con la doctrina esenia impregna la Epístola a los Hebreos. En Roma, Priscila aprendió de la fe judía y esta rama particular de ella.

Erudita y determinada, Priscila se decidió estudiar escritura Hebrea. No conociendo el texto hebreo, usó sólo el Septuaginto, así como lo hizo el autor de Hebreos. Vamos bien hasta aquí. Pero una sima de credibilidad se acerca y tendrá que ser superada.

Montones de alusiones al viejo testamento y por lo menos 30 citas directas[104] expertamente escogidas y arregladas para subrayar las intenciones del autor, impulsan a los eruditos a creer que Hebreos fue escrito por un teólogo judío. Si Priscila era una aristócrata romana, no era un erudito con una vida entera de estudios rabínicos. ¿Cómo aprendió Priscila el Antiguo Testamento tan a fondo?

Tuvo la ayuda de un libro que conjuntó cierta escritura por tema. Según la teoría de *testimonia*, el autor tomó citas de un libro de testimonia en lugar de buscarlas en la Biblia.[105] En el libro había versículos del Mesías, por ejemplo, reunidos de muchos libros de la Biblia. Muy útil para la enseñanza y el debate. Sabemos que la iglesia posapostólica tenía libros de testimonia. Una opinión del siglo diecinueve supone que estaban basados en documentos más antiguos, remontándose a la primera iglesia. ¿Podemos creerlo? Podemos y debemos. Un rollo del Mar Muerto, 4Q Testimonia, es un tal documento.[106]

Markus Barth analizó numerosas citas en el primer capítulo de Hebreos, teniendo que ver con el Hijo de Dios. Son himnos del Antiguo Testamento, tomados de los Salmos hablando del señorío de Dios, y su Ungido.[107] Estos himnos se encuentran en Salmos 2, 45, 97, 102 y II Samuel 7. Barth dice que los himnos eran usados en tiempos antiguo testamentarios en un día específico, probablemente la fiesta del tabernáculo. Añade que los textos del segundo y tercero capítulos de Hebreos concuerdan con la liturgia de la misma fiesta. Alguien compiló los textos de escritura y la liturgia para uso mucho antes que la epístola. Entonces, el autor no tuvo que escoger uno por uno y arreglar la citas bíblicas.[108] Un libro de testimonia fue usado.

La construcción de la Epístola a los Hebreos estaba muy bien dentro de la capacidad de Priscila.

Más acerca de Priscila de Roma

Habiendo contestado una pregunta sobre la calificación erudita de Priscila, tendremos que contestar otra: ¿Pudiera haber escrito un prosélito la Epístola a los Hebreos?

Aunque cómoda en el entorno de la fe judía, no es necesario que el autor sea judío por nacimiento. Sólo una declamación insinúa a ancestros judíos — Heb. 1:1 donde una referencia es hecha a «nuestros padres» a quienes Dios habló por medio de los profetas. Esto muy fácilmente pudiera haber sido escrito por uno de la fe judía, un prosélito, identificándose con la historia judía. En los Estados Unidos, inmigrantes tantos viejos como jóvenes, de todas partes del mundo, piensan en «nuestros ancestros» quienes fundaron este país como suyos. Lo hacen en sentido de su identificación con su tierra actual — no porque sean descendientes directos de los inmigrantes de la *Mayflower*.

Priscila conocía lo suficiente del judaísmo para poder instruir a Apolos, un judío estudiado, en la escritura de su fe. Estaba casada con Aquila, un judío, y fue a Corinto con él cuando Claudio expulsó a los judíos de Roma. Asistió a la sinagoga en Efeso con Aquila (Hechos 18:26). Ministraba a muchos judíos cristianos, pues Efeso tenía una gran población Esenia, de los cuales muchos de los primeros cristianos fueron atraídos. Judía por nacimiento o no, Priscila era eminentemente calificada para escribir Heb. 1:1.

En la epístola, percibo evidencia de educación romana. Ya he mencionado la opinión del autor en que las prohibiciones alimentarías de los judíos fueron espiritualmente inútiles para aquellos quienes las siguieron. La frase que se refiere a aquellos que las siguen o las siguieron insinúa que quizás el autor nunca lo hubiera hecho. El autor las llama «doctrinas extrañas» que los cristianos hebreos deben evadir.[109] ¿Extrañas para quien? Los lectores son hebreos. Las costumbres son entonces extrañas para el autor.

Otra pista es la disertación dada sobre la disciplina paternal en Hebreos 12:5-11. ¿Quién es más probable en haber comparado tal disciplina con la corrección de Dios (Hebreos 12:9)? Los padres romanos eran muy estrictos. Los hijos romanos eran obedientes. Como cabeza del hogar (paterfamilias), los padres tenían poder de vida y muerte sobre todo miembro de la familia. Los niños romanos que crecían a ser personas importantes aún tenían que obedecer a sus padres. Solamente los padres tenían algún derecho legal de propiedad.[110] Franz Poland dice de la autoridad paterna en antiguas familias romanas «sin igual».[111] Edith Hamilton escribió: «…A lo que le llamaron *Patria Potestas* en Roma, la autoridad del padre, fue claramente una cosa horrible. No había rebelión en contra de ella.»[112]

Todo esto aplicaba a las mujeres tanto como a los hombres.[113] Tenemos el derecho de decir que una mujer romana, hablando en términos de su propio trasfondo familiar y experiencias, muy bien pudiera comparar la disciplina de Dios con la disciplina estricta del hogar. «…al presente no parece ser causa de gozo, sino de tristeza; pero después da fruto apacible de justicia a los que en ella han sido ejercitados (Heb. 12:11).»

Nota la frase «aquellos que en ella han sido ejercitados.» Percibimos que el autor escribe fuera de experiencia. Un salmista escribió: «Como el padre se compadece de los hijos, se compadece Jehová de los que le temen.»(Salmo 103:13), pero un romano fue apto en escribir Heb. 12:5-11.

Sobre la misma línea de razonamiento, es interesante notar que sólo en Roma se referían a pastores como «líderes» y «gobernantes.»[114] Este sustantivo aparece tres veces en el capítulo 13 de Hebreos, en los versículos 7, 17 y 24. Aquí hay evidencia de que el autor de Hebreos, judío por nacimiento o no, fue residente de Roma:

> Apenas es accidental que los únicos escritos — sea en el Nuevo Testamento o de los Padres Apostólicos — que hablan de los ministros cristianos francamente como «gobernantes», están conectados con Roma, donde la idea de orden estaba en la misma atmósfera.[115]

Otra indicación de la conexión del autor con Roma tiene que ver con la discusión sobre el personaje de Melquisedec en los capítulos 5 y 7. Melquisedec es llamado «sumo sacerdote» (vea Heb. 5:5-6) — terminología que aparece en antigua liturgia romana. Tal terminología pudiera haber sido parte del vocabulario litúrgico del autor, o por el contrario, la liturgia romana pudiera haber tomado prestado las palabras del autor. En el primer caso, nuestro autor era muy probablemente romano o un residente de largo plazo de Roma. En el segundo caso, el autor era popular y muy bien estimado en Roma, y por implicación, en algún momento, residente de Roma.

M.A.R Tuker tiene esto que decir:

> El origen romano de la epístola, verdaderamente, está encerrada en la litúrgica romana. En esa litúrgica, y en ninguna otra, el sacerdocio de Melquisedec es invocado, y las palabras usadas son ésas las de la Epístola a los Hebreos — *summus sacerdos Melchisedech*. Además, por casualidad, son registradas en las más viejas referencias del canon romano, y deben tomar su lugar a un lado del «¡Amen!» de Justino como palabras raíces de la

liturgia ... Formó el pívot de la reconstrucción de Prisca del templo no hecho a mano, y era propio que se exprese en la liturgia de la gran iglesia que ella ilustró.[116]

En conclusión de esta parte de nuestra discusión, podemos decir confiadamente que quien escribió Hebreos fue romano, o un residente de largo plazo de Roma. Aun el «desconocido hipotético» quien supuestamente escribió Hebreos — esa figura fantasmal que persigue nuestra investigación — ciertamente tuviera que ser un fantasma romano.

¿Una pareja desigual?

Si Priscila era de noble linaje, soberanamente educada, eminente en el liderazgo de la iglesia, ¿era dispareja su unión — «una pareja desigual»? no necesariamente — pero ahora es un buen tiempo para enfocar nuestra atención en la persona con quien se casó.

Aquila ronda beneficiosamente mientras hablamos de Priscila, y en todo aspecto de su trabajo para Cristo, observamos el acuerdo entre ellos. Juntos compartieron la aventura en rescatar a Pablo, aludido en Rom. 16:3-4. Los dos estaban de acuerdo en abrir su hogar a los que les enseñaban y apreciaban. Cuando Priscila escribió Hebreos — y es ella ahora nuestro sujeto principal — Aquila le dio los detalles que ella necesitaba saber de su propia relación sólida con las escrituras.

Nuestra intención no es difamar la pareja cuando preguntamos - ¿era Aquila culturalmente inferior a Priscila? La familia de Priscila estaba arriba de él socialmente hablando — pero ¿había una desemejanza intelectual y educacional? Según Plumptre, la historia nos indica que ambos Aquila y su mujer «poseían en un nivel muy alto, los dones de 'sabiduría y conocimiento,' que estaban totalmente sumergidos de enseñanza (Paulina)» — enseñanza que más tarde se convirtió en «la fe de toda la Iglesia de Cristo.» Además, su ocupación — haciendo tiendas — fue «como en el caso de San Pablo, compatible con el más alto nivel de educación.»[117]

Vea su nombre. Aquila, aunque no era romano, llevaba el nombre de un hombre romano ilustro (Aquila Pontius, uno de los asesinos de Julio Cesar).[118] Posiblemente, adoptó el nombre porque era un nombre destacado. Plumptre, sin embargo, ofrece una diferente explicación:

> ... nos provee una instancia interesante en una fecha temprana de una práctica que después se convertiría en algo común, esto es, la adopción por judíos que vivían entre paganos de nombres de *animales* ... Wolf, Bar (Oso), Hirsch (ciervo), Adler (Águila, el equivalente exacto de Aquila), son instancias similares de esto.[119]

¿Fue Aquila, en verdad, un esclavo liberado de Pudente, así como indica la teoría?[120] ¿Qué podemos decir de su estatus como esclavo liberado, si es que tal fue el caso? Estadísticamente hablando, existe una posibilidad en tres que fue en algún tiempo esclavo. Al final del tercer siglo, Roma tenía 400,000 esclavos — alrededor de una tercera parte de la población.[121] Toda persona con un poco de dinero tenía esclavos. Una típica familia romana tenía quince esclavos, y los ricos tenían cientos.[122]

Para Aquila la probabilidad es más grande. Nativo de Ponto en el Mar Negro, era un extranjero en Roma así como la mayoría de los esclavos. Muchos habían sido tomados a fuerza y traídos a Roma en los días de Pompee (Primer Siglo a.C.). Las expediciones por esclavos en Asia sistemáticamente añadieron a sus rangos.[123]

¿Qué hacían los esclavos? No todos fueron campesinos o domésticos. Los esclavos educados eran tutores, secretarios privados, bibliotecarios y doctores.[124] Su estatus gradualmente fue elevado en el primer siglo. A muchos se les dio el más alto respeto y consideración. Algunos esclavos eran como miembros de la familia a la cual le pertenecían.[125]

Los hombres liberados frecuentemente eran de alta inteligencia, su capacidad elevándolos arriba de su estatus de esclavo.[126] Muchos ganaron posiciones políticas y sociales envidiables. Harnack dijo que uno de los dos hombres más poderosos en Roma en el tiempo del Emperador Claudio fue su secretario privado, Narcisos — un hombre liberado.[127]

Una ley promulgada en 18 a.C. restringió pero no prohibió el matrimonio de hombres liberados con familias senatoriales. La ley sostenía que el hijo de un senador o cónsul o su nieto o bisnieto por medio de descendencia masculina no podía casarse con un ex-esclavo.[128] Es decir, Priscila se pudiera haber casado con un esclavo liberado si su abuelo materno hubiera sido cónsul pero no si lo hubiera sido su abuelo paterno.

Los esclavos liberados eran frecuentemente emparentados a familias consulares como sobrinas, sobrinos y primos. Muchos hijos de cónsules tenían primos «inmensamente ricos» cuyos padres o madres eran ex-esclavos. [129] Por ejemplo, el hijo de un hombre liberado, Claudius Etruscus, fue el sobrino del Cónsul de 83 D.C.[130]

La esclavitud no llevaba consigo un estigma. Una desgracia común, podía ser vencida por medio de inteligencia y mucho esfuerzo. Un esclavo podía ganar respeto así como su libertad.

Ni tampoco le hacia falta a Aquila como judío aceptación social. «Matrimonios mezclados», tales como el de los padres de Timoteo (Hechos 16:1-2), no eran excepcionales. En el mundo antiguo, los judíos frecuentemente se casaban con familias prominentes.[131]

El estatus de Aquila no se limitó a las responsabilidades que compartía con Priscila en la iglesia. La iglesia primitiva fue un modelo de la igualdad de las clases. Los esclavos podían ser maestros y líderes en la congregación, y frecuentemente lo eran.[132]

Puedo dar algunos ejemplos de esclavos y liberados que llegaron a tener alto estatus en la iglesia. Hermas, quien escribió el apócrifo, «Pastor de Hermas», fue un esclavo.[133] Su hermano Pío fue un obispo romano (142-157 D.C.)[134] Otro obispo de Roma fue un ex-esclavo, Calixto (218-222 D.C.)[135]

Aquila y Priscila podían predicar y enseñar no importando quienes eran. Habilidad y carisma fueron los únicos requisitos. Y Priscila pudiera haber escrito la Epístola a los Hebreos aun siendo una ex-esclava que de alguna manera había estudiado la Biblia y escritos clásicos. Una instancia de un ex-esclavo que «llegó» literariamente fue Tiro. Tiro fue el secretario de Cicero y le ayudó con sus escritos. Cuando Cicero murió, Tiro asumió el puesto de guardián y editor de todos sus escritos.[136]

Aparentemente, en Corinto, Priscila trabajó junto con Pablo y Aquila en el hacer tiendas. Su profesión no excluye un alto nivel de educación ni aun una alta posición social.

En cuanto a Pablo y Aquila, los hijos de familias judías ortodoxas siempre aprendían una profesión. No importaba que tan financieramente estables estaban.[137] Una profesión era un auto mantenimiento que venía a ser parte de un estilo de vida. Entre los ricos, aun en familias no judías, una profesión era un seguro para el futuro.[138]

¿Cómo participó Priscila en la producción de tiendas? Ayudó a tejer tela para las tiendas. En casa, es posible que hubiera supervisado esclavos que tejían. Pero ella, también, tenía que aprender. Tejer era parte de todo hogar. Aun en las casas ricas, en el primer siglo aún se manufacturaba la tela tejida en casa.[139] Se dice que a Augusto le gustaba usar tela tejida en casa y hacia que su propia familia la tejiera.[140]

El hacer tiendas le dio a Aquila y Priscila movilidad así como seguridad. Como Pablo, tenían la habilidad de trasladarse, sea por decisión propia o necesidad.[141] Así que en Corinto los vemos tejiendo velas para barcos. En Efeso, tejían tiendas de lujo y carpas.[142]

Había mucho trabajo en Efeso.[143] Un buen lugar para Aquila y su esposa para establecerse y levantar una iglesia. De hecho, se quedaron allí por mucho tiempo. En 65 o 66 D.C., su pre-ocupación por los cristianos hebreos de Efeso conduciría a Priscila a escribir la Epístola.

Resumen interino

«El mejor amigo de la verdad es el tiempo...» escribió Char-les Caleb Coulton, con claridad en el sentido histórico. La verdad acerca de Priscila y su familia literalmente fue cavada de la tierra pero no fue hasta el siglo dieciocho y diecinueve. La teoría de Harnack concerniente a Priscila siguió en 1900, mucho tiempo después de que se escribió Hebreos.

Por siglos la epístola fue atribuida a un hombre u otro, típicamente por suposiciones casuales. Ahora varios autores sospechados han sido despedidos de la formación, incluyendo entre ellos al único contendiente serio, Apolos. En el siguiente capítulo, veremos como los Rollos del Mar Muerto, descubier-tos en tiempos modernos, iluminan el misterio.

¿Ahora cuál es la situación de Priscila?

Tiene un alumno estrella, Apolos, quien puede comprobar usando escritura comprobar que Jesús es el Mesías. Este vendrá a ser un tema subyacente de Hebreos. A diferencia de su estudiante, fue convertida por uno que vio y escuchó a Jesús (Heb. 2:3).

* Conoce a Filón, quien será de influencia para la terminología de Hebreos.

* Por fin es reunida con su familia en la parte superior del estrato de la sociedad romana.

* Está fundada en literatura, filosofía y retórica.

* Elocuente como Apolos, es maestra y líder. Ferviente en espíritu como él (Hechos 18:25), ha dejado atrás el lujo y estatus noble para proclamar el evangelio. Estas características serán reflejadas en Hebreos.

* Priscila está de pie en el circulo de Timoteo (Heb. 13:23), como un corolario de su amistad íntima con Pablo.

* Su matrimonio con Aquila es tanto razonable como simpático, y comparten un ministerio en Roma, Corinto y Efeso.

En su escritorio está un libro de *testimonia*.
Priscila está lista para escribir una carta.
Destino: Efeso.

Árbol Genealógico de los Acilii Glabriones[*]

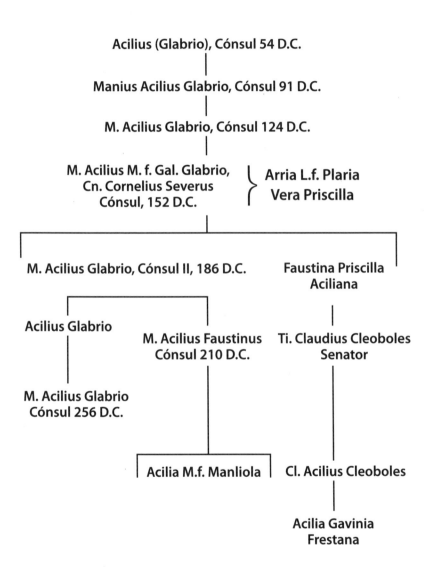

Acilius (Glabrio), Cónsul 54 D.C.

Manius Acilius Glabrio, Cónsul 91 D.C.

M. Acilius Glabrio, Cónsul 124 D.C.

M. Acilius M. f. Gal. Glabrio,
Cn. Cornelius Severus
Cónsul, 152 D.C.
} Arria L.f. Plaria
Vera Priscilla

M. Acilius Glabrio, Cónsul II, 186 D.C.   Faustina Priscilla
Aciliana

Acilius Glabrio

M. Acilius Faustinus   Ti. Claudius Cleoboles
Cónsul 210 D.C.   Senator

M. Acilius Glabrio
Cónsul 256 D.C.

Acilia M.f. Manliola   Cl. Acilius Cleoboles

Acilia Gavinia
Frestana

[*]*Paulys Real-Encyclopadie der Classischen Altertumswissenschaft.* Vol. I.
(Stuttgart: J.B. Metzlerscher Verlag, 1894), p. 258.

Notas al Capítulo Seis

1. Crisóstomo, *Homily on the Acts of the Apostles. Nicene and Post-Nicene Fathers of the Christian Church*, Vol. XI. Ed., Philip Schaff. (New York: The Christian Literature Co., 1889), p. 246, nota 2 citando *Serm. In illud Salutate Prisc et Aquil,* Vol. iii, p. 176B. Vea Herbert Lockyer, *All the Men of the Bible.* (Grand Rapids: Zondervan Publishing Co., 1952), p. 52.

2. Harnack, *The Mission and Expansion of Christianity in the First Three Centuries,* trad. y edit., James Moffatt, Vol. 2. segunda edición amplificada y revisada. (New York: G.P. Putnam's Sons and London: Williams and Norgate, 1908), p.68.

3. Antoinette Clark Wire, *The Corinthian Women Prophets* (Minneapolis: Fortress Press, 1990), p. 210 apéndice 5.

4. Harnack, *ZNW* 1900, Vol. I, p. 34-35.

5. Donald Wayne Riddle, «Early Christian Hospitality: A Factor in the Gospel Tradition», *Journal of Biblical Literature* vol. LVII, (Philadelphia Soc. of Biblical Literature, 1938), p. 151.

6. George A Barton, *The Apostolic Age.* (Philadelphia: University of Pennsylvania Press, 1936) p. 71.

7. Hechos 18:2-3; 18:18-19; 18:24-26; Rom. 16:3-4; I Cor. 16:19; y II Tim. 4:19.

8. Crisóstomo habló de la preeminencia de Priscila en Hechos 18:18,26; Rom. 16:3 y II Tim. 4:19.

9. E.H. Plumptre, «Aquila and Priscilla», *Biblical Studies,* E.H. Plumptre, ed. (London: Griffith, Farran, Okeden, and Welch, 1885)p. 422-425; tambien G. Edmundson, *The Church in Rome in the First Century* (London: Longmans, 1913), p. 11-12.

10. Se le designa al edicto de Claudio varias fechas 49-52 D.C. Spence Jones favorece 49 D.C. Suetonius escribiendo en el segundo siglo, tiene 52 D.C. (Henry Bettenson, Documents of the Christian Church. New York and London: Oxford Univ. Press, 9th printing, 1961, p. 4 citando a Suetonius, *Vita Claudii,* xxxv.4.)

11. Verna J. Dozier y James R. Adams, *Brothers and Sisters* (Boston: Cowley Publications, 1993), p. 89.

12. Edmundson, op. cit., p. 22.

13. Ibid., nota 2.

14. Edmundson, p. 13, nota 4.

15. Wikenhauser, p. 399.

16. H.D.M. Spence-Jones, *The Early Christians in Rome*. (London: Methuen & Co., Ltd., 1910), p. 5.

17. Ben Witherington III, *Women in the Earliest Churches*, (Cambridge: Cambridge University Press, 1988), citando E. Haenchen, p. 153.

18. Morton, op. cit., p. 349.

19. Eusebius, op. cit., p. 105.

20. Spence-Jones, op. cit., p. 14.

21. Ibid.

22. Spence-Jones, p. vii.

23. Morton, p. 470 y Spence-Jones, p. 263.

24. William Thomas Walsh, *Saint Peter the Apostle*. (New York: The Macmillan Co., 1948), p. 280.

25. M.A.R. Tuker y Hope Melleson, *Handbook to Christian and Ecclesiastical Rome, Part I, The Christian Monuments of Rome* (London: Adam and Charles Black, 1900), p. 495.

26. H.V. Morton, op. cit., p. 471.

27. *Dictionaire d'archeologie chretienne et de liturgie* (DACL), p. 1877, 1878. traducida por Julie E. Johnson.

28. *Oxford Dictionary of the Christian Church*, p. 919.

29. Traducción por Leonard E. Boyle. Joan Morris, *The Lady Was a Bishop: The Hidden History of Women with Clerical Ordination and the Jurisdiction of Bishops*. (New York: The Macmillan Company; London: Collier-Macmillan Limited, 1973), p. 121; 171, nota 18.

30. Vat. lat. 9698, p. 78. Cortesía de Bibliothèque Nationale de France.

31. *The Catholic Encyclopedia,* Vol. XII (New York: The Gilmary Society and the Encyclopedia Press, Inc., 1913), p. 428.

32. Priscila es la forma familiar diminutiva de Prisca. La iglesia lleva la inscripción: «Titulus Aquila et Prisca». Vea Edith Deen, *All the Women of the Bible.* (New York: Harper & Bros., Publishers, 1955), p. 229.

33. Joseph Holzner, *Paul of Tarsus.* tr. Fredrick C. Eckhoff (St. Louis, MO., and London: Herder & Co., 1944), p. 424 and Spence-Jones, op. cit., p. 262.

34. Holzner, op. cit., p. 424.

35. Spence-Jones, p. 262.

36. Wm. Ingraham Kip, *The Catacombs of Rome.* (New York: Daniel Dana, Jr., 1863), p. 51.

37. Spence-Jones, p. 265.

38. Ibid., p. 267.

39. Edmundson, p. 252.

40. Bettenson, p. 120.

41. Edmundson, p. 52.

42. Spence-Jones, p. 267.

43. Ibid., p. 12.

44. Ibid., p. 271.

45. Ibid., p. 272. Spence-Jones menciona el embalse como una característica especial de la catacumba de Priscila. Maitland dice que pozos fueron cavados en ciertas catacumbas (*Iglesia en las Catacumbas*, p. 29).

46. Spence-Jones, p. 267.

47. Eusebius, p. 78. (Citando a Josefo, *Antiquities* XVIII, viii, 1.)

48. Eusebius, p. 95.

49. Eusebius, p. 89.

50. Nairne, op. cit., p. lv y C.D. Yonge, tr., *The Works of Philo Complete and Unabridged, New Updated Edition,* Foreword by David M. Scholer (Peabody, Máss: Hendrickson Publishers, 1993), p. xiv. Vea tambien Hayes, op. cit., p. 41-48.

51. Spence-Jones, p. 265.

52. Holzner, op. cit., p. 424.

53. Tuker y Malleson, *Handbook to Christian and Ecclesiastical Rome* Part I, p. 495.

54. Carta de Joan Morris, 13/2/72 y Orazio Marucchi, *Le Catacumba Romane,* p. 465.

55. Edmundson, p. 278 Apéndices nota f.

56. Joan Morris, setter 13/2/72. Vea también Edmundson p. 277.

57. Edmundson, p. 22 nota 1.

58. Spence-Jones, p. 267.

59. Ludwig Hertling y Englebert Kirschbaum, *The Roman Catacombs and Their Martyrs.* tr. M. Joseph Costelloe. (U.S. The Bruce Publishing Co., 1956), p. 25.

60. *Rome in Brief.* (Guidebook to Rome) Ente Provinciale Per II Turismo Di Roma, Via Parigi II. (Rome: Vecchioni & Guadagno, 1967), p. 7.

61. Holzner, p. 424.

62. Spence-Jones, p. 265.

63. Ibid., p. 270.

64. Hertling, op. cit., p. 27.

65. Franz Poland et al., *The Culture of Ancient Rome and Greece.* John Henry Freese. (London: George Harrap & Co., Ltd., 1926), p. 293,294.

66. *The Catholic Encyclopedia,* Vol. XII, p. 428.

67. Hertling, op. cit., p. 27.

68. El «hipogeo» (catacumba) se compone de un cuarto grande o cripta, escaleras, y un pasillo grande a ángulos derechos de la cripta. Hertling, p. 200.

69. Hertling, p. 27. (Vea la tabla genealógica de este libro.)

70. Morton, p. 348.

71. J.A. Thompson, *The Bible and Archeology.* (Grand Rapids: Wm. B. Eerdman's Publishing Co., 1962), p. 315.

72. H. Plumptre, op. cit., p. 422.

73. Ibid., p. 423. Vea también Edmundson, p. 11, 12.

74. Edmundson, p. 243.

75. Charles Maitland, *The Church in the Catacombs.* (London: Longman, Brown, Green and Longmans, 1846), p. 12, 76.

76. Spence – Jones p. 270.

77. Ibid.

78. Hertling, op. cit., p. 200.

79. Spence – Jones, p. 269.

80. Ibid.

81. Spence – Jones p. 270.

82. Ibid., p. 269.

83. *The Catholic Encyclopedia* Vol. VI., p. 575.

84. Robert Payne, *The Horizon Book of Ancient Rome.* (New York: American Heritage Publishing Co., 1966), p. 125.

85. Ibid., p. 226.

86. Poland, op. cit., p. 300.

87. Payne, op. cit., p. 226.

88. Poland, p. 299.

89. Payne, p. 175.

90. Judith P. Hallett, *Fathers and Daughters in Roman Society (Women and the Elite Family).* (Princeton, New Jersey: Princeton University Press, 1984), P. 108, 164, citando a Cicero, *Brutus* 239 y E.S. Gruen, *The Last Generation of the Roman Republic* (Berkeley, Los Angeles, and London, 1974).

91. Price, op. cit., p. 178.

92. Elsie Thomas Culver, *Women in the World of Religion*. (New York: Doubleday & Co., 1967), p. 57.

93. Deen, op. cit., p. 229.

94. Culver, p. 60.

95. Para una buena y breve discusión a favor y en contra, vea Peake, *A Critical Introduction to the New Testament*, p. 41-44.

96. *The Interpreter's Dictionary of the Bible* Vol. IV. (New York, Nashville: Abingdon Press, 1962), p. 112.

97. Morton, op. cit., p. 348.

98. Spence – Jones, p. 270.

99. Jean Daniélou, *The Dead Sea Scrolls and Primitive Christianity*. Tr. Salvatore Attanasio. (Baltimore: Helicon Press, Inc., 1958), p. 126.

100. Holzner, op. cit., p. 420.

101. Spence – Jones, p. 5.

102. Holzner, p. 421.

103. Daniélou, op. cit., p. 126.

104. Markus Barth, «The Old Testament in Hebrews, an Essay in Biblical Hermeneutics», *Current Issues in New Testament Interpretation: Essays in Honor of Otto A. Piper*. ed. Wm. Klassen and Graydon F. Snyder. (New York: Harper & Bros., 1962), p. 54.

105. Ibid., p. 73. Canon F.C. Synge *(Hebrews and the Scriptures*, London, 1959, p. 17, 53ff.)* Burkitt, Harris, Dodd y Allegro apoyan la teoría de testimonia.

106. Allegro, op. cit., p. 138, 139 y Barth, op. cit., 268, 269.

107. Barth, op. cit., p. 72.

108. Ibid., p. 173.

109. «No os dejéis llevar de doctrinas diversas y extrañas; porque buena cosa es afirmar el corazón con la gracia, no con viandas, que nunca aprovecharon a los que se han ocupado de ellas.» (Heb. 13:9 RV60)

110. Poland, op. cit., p. 251.

111. Ibid.

112. Edith Hamilton, *The Roman Way.* Copyright 1932 by W.W. Norton and Company, Inc.; copyright renewed 1960 by Edith Hamilton. Reprinted in *Everyday Life in Ancient Times.* Wash., D.C.: National Geographic Soc., 1951, 6th printing, 1964, p. 269.

113. J.P.V.D. Balsdon, *Roman Women: Their History and Habits.* (New York: The John Day Co., 1963), p. 45.

114. Attridge, op. cit., p. 391.

115. Burnett Hillman Streeter, *The Primitive Church.* (New York: The Macmillan Company, 1929), p. 205.

116. Tuker, «The Gospel According to Prisca», op. cit., p. 98.

117. Plumptre, op. cit., p. 418.

118. Ibid.

119. Ibid., p. 426.

120. Spence – Jones, p. 270.

121. Payne, op. cit., p. 273. Esto era el doble de la población esclava estimada en la república (1er siglo a.C.).

122. Holzner, op. cit., p. 425.

123. Thompson, op. cit., p. 315.

124. Payne, p. 159.

125. Ibid., p. 273

126. Poland, op. cit., p. 294.

127. Holzner, op. cit., p. 425 refiriéndose a Harnack, *Die Mission und Ausbretung des Christentums,* 4a ed., Leipzig, 1924.

128. Balsdon, op. cit., p. 175.

129. Ibid.

130. Ibid., p. 312.

131. Sir W.M. Ramsay, *The Bearing of recent Discoveries on the Trustworthiness of the New Testament.* (London: Hodder & Stoughton, 1915), p. 357.

132. Spence – Jones, p. 136.

133. Ibid.

134. Ibid.

135. Ibid.

136. Payne, op. cit., p.159.

137. Morton, op. cit., p. 9.

138. A. Powell Davies, *The First Christian.* (New York: Farrar, Straus and Cudahy, 1956), p. 16.

139. Balsdon, op. cit., p. 270.

140. Ibid.

141. Davies, op. cit., p. 16.

142. Morton, p. 380.

143. Ibid.

CAPÍTULO SIETE

DESTINO: EFESO

Más allá de alguna duda razonable, el destino de la carta a los Hebreos fue Efeso, la capital de la provincia romana de Asia. Una razón es muy obvia. Una pista en el posdata dice que Timoteo está ansioso por regresar a sus lectores (Heb. 13:23). ¿Adónde sino a Efeso — el local de su ministerio — regresaría Timoteo? Pablo le rogó a Timoteo que se quedara allí para combatir en contra de la falsa enseñanza que amenazaba la iglesia (I Tim. 1:3-4).

Investigando a Efeso, vemos como esta ciudad llena todos los requisitos para ser el hogar de los primeros recipientes de Hebreos. Ninguna otra ciudad llena todos estos requisitos. Rótulos sobre la carretera apuntando hacia Efeso no llevaran al detective/viajero a Jerusalén, Alejandría, Antioquía, Corinto o Roma.

En lugar de un perfil del autor, construimos ahora un perfil de la Ciudad X, hogar de los destinatarios. Vea la *Tabla de Comparaciones para Iglesias en 65 D.C.* Lea la descripción de Ciudad «X» en las seis categorías y resuelva para «X». Esto es, haga juego uno de los centros de actividad de la iglesia con la Ciudad «X». Así es como esta investigación procederá.

Tabla de Comparaciones		
Ciudad «X» Descrita en Hebreos	**Efeso**	**Jerusalén**
Gente De La Ciudad		
numerosa colonia esenia-judía	Población ca. 250,000; cosmopolita; muchos judíos; colonia principalmente esenia	esenios y otros judíos
Gente De La Iglesia		
Se dirige hacia convertidos de los esenios-judíos	Previos esenios y muchos gentiles convertidos. La más grande proporción de de convertidos a la total población.	Previos esenios y otros judíos
Medio De Conversión		
Por testigos del ministerio o Jesús.	El Apóstol Juan; Juan el mayor; emigrantes de Palestina; Pablo; Timoteo; Priscila y Aquila	Jesús; Apóstoles; Discípulos
Organización Y Liderazgo		
Bien organizada; muchos líderes concienzudos quienes reemplazaron los anteriores	Ministerio nativo bien organizado que reemplazó los fundadores y apóstoles. Líderes trabajaban bien con Pablo	Ministerio nativo bien organizado
Condición Espiritual		
Señales y prodigios al principio. El fervor se ha convertido en apatía. Buenas obras y generosidad continúan. Amenaza de revertir a previas creencias.	Señales y prodigios convirtieron muchos en los primeros días. El entusiasmo le ha dado lugar a la apatía, pero buenas obras y generosidad continúan. Falsas enseñanzas resistidas	Influencia de judaísmo legalista permaneció fuerte. Centro evangélico.
Persecución Llevada Por Cristianos		
Sometidos a burla y robo (y algunos fueron encarcelados) al principio, pero ningunos habían muerto por su fe	Sentimiento anti-cristiano local por razones económicas. Demetrio provocó un disturbio en los primeros días.	Esteban hecho mártir seguido por la persecución y encarcelamiento de cristianos. Santiago el Justo martirizado en 62 D.C.

Para Iglesias en 65 D.C.			
Alejandría	Antioquía	Corinto	Roma
Gente De La Ciudad			
Población 700,000 (la mitad esclavos). Muchísimos judíos y esenios	Población 500,000; Josefo estimó 50,000 judíos	Romanos; griegos; sirios; muchos judíos; egipcios	Población 1,000,000 (una tercera parte esclava) 30-50,000 judíos
Gente De La Iglesia			
Desconocido	Muchos cristianos judíos refugiados de Palestina.	Predominantemente gentiles.	Varios mil a lo más; predominant-emente gentil; muchos judíos; algunos previos esenios
Medio De Conversión			
Desconocido: Tradición dice que Marcos evangelizó	Apóstoles; refugiados de Palestina	Pablo el fundador; Pedro , Apolos	Pedro; refugiados de Palestina
Organización Y Liderazgo			
Desconocido	Dependían del liderazgo de Jerusalén	Dependían del liderazgo ajeno (mayormente de Roma) para resolver disputas	Fuerte liderazgo
Condición Espiritual			
Desconocido	Centro evangélico	Abundancia de dones espirituales; faccionalismo	Reconocidos por su fe (Rom. 1:8); disputas entre judíos y conversos gentiles conversículo
Persecución Llevada Por Cristianos			
Desconocido	Algunos habían huido de la persecución en Palestina	Amenazados por la persecución de Nerón. Conflicto social con el paganismo.	Perseguidos casi desde el principio. Persecución de Nerón severa de 64-65 D.C. Muchos mártires

147

Gente de la ciudad

Mire la sección 1 de la tabla: «Gente de la ciudad.» Las estadísticas de población son dadas. La población total y la comunidad judía deben ser numerosas para hacer juego con Ciudad «X», como es dicho en Hebreos. No es difícil ver por qué. El evangelio fue plantado estratégicamente en ciudades grandes, de donde se difundió a los distritos circunvecinos. Timoteo y Pablo trabajaron principalmente en los centros de población. Quien escribió Hebreos estaba cercanamente relacionado con ellos. De hecho, muchos puntos de contacto con los escritos de Pablo reflejados en Hebreos incitaron a Spicq a referirse al autor como «el alumno espiritual de Pablo.»[1] La coordinación de planes con Timoteo (Heb. 13:23) hace al autor un compañero de trabajo de Timoteo (y Pablo). Como tal, este individuo urgió a la gente a permanecer en la fe en lo que tuviera que haber sido una ciudad clave en el mundo antiguo.

Ciudad X tenía una colonia judía de buen tamaño. Si los lectores eran simplemente judíos, fuera más complicado apuntar al local. Pero la carta fue enviada a ex-esenios. Así es que toda ciudad sin una grande colonia de esenios es descalificada. Por esta prueba, Corinto y Roma son descalificadas. Jerusalén, Alejandría, y Antioquía serán eliminadas por otras razones.

Fíjese en la primera sección para ver cual ciudad mejor hace juego con las estadísticas de población para la Ciudad X. Efeso, con 250,000 personas, lleva el cuarto lugar en población. Solamente Roma, Antioquía y Alejandría eran más grandes en el primer siglo. Efeso cosmopolita tenía una gran colonia esenia. Sólo en este lugar encontramos mención específica de los discípulos de Juan el Bautista, cuya perspectiva religiosa tiene sus raíces en esta metrópolis asiática. Estaba íntimamente relacionado a la secta esenia.[2] Raymond Brown nota que las cartas de Pablo de o para Efeso fueron influenciadas por la literatura de Qumrán (esenia).[3] Viendo en la primera sección, podemos ver que también Alejandría tenía una grande colonia esenia. No hay duda de que los judíos eran numerosos en Alejandría, pues ocupaban dos de las cinco áreas residenciales de la ciudad. Filón y otras fuentes atestiguan que de estos judíos, muchos eran esenios. Hablaremos más de Alejandría cuando la evidencia sea resumida.

Gente de la iglesia

Esperamos que la gente de la iglesia sea una buena muestra representativa de la gente de la ciudad. Lo son, con la posible excepción de la misteriosa Alejandría, la cual tiene una provocativa escasez de información. Efeso, Jerusalén y Antioquía tenían esenios convertidos. Corinto tenía muy pocos. Deducimos de la carta de Pablo a los romanos que de los judíos cristianos en Roma, la mayoría no eran previos esenios. No argumentó dentro de los parámetros de la doctrina esenia.

Previos esenios predominaban en la Iglesia X. Esto no significa que los gentiles convertidos eran escasos en la Ciudad X o en la Iglesia X. Significa solamente que el ministerio del autor era en gran manera, si no principalmente, dirigido hacia los cristianos hebreos.[4] El autor se dirigió a los hebreos, quienes titubeaban entre su nueva fe y la atracción de su vieja fe.

¿Quiénes eran los lectores? Esto era antes el tema de especulación diversa. Un erudito del siglo diecinueve, E.M. Roeth, se brincó el título y el tema central de la carta para proponer en 1836 que Hebreos fue dirigido principalmente a los gentiles, o simplemente a todos los cristianos.[5] Se ganó a unos seguidores impresionantes.[6] Luego, la publicación del contenido de los Rollos del Mar Muerto en los 1950s nos llevó al maravilloso descubrimiento de que Hebreos fue escrito dentro del contexto de el pensamiento del Qumrán.[7] De todos los escritos nuevos testamentarios, Hebreos da la respuesta más comprensiva a ciertas doctrinas de la Secta de Qumrán.[8] Spicq convencidamente argumentó que Hebreos fue escrito para lectores esenios-cristianos, quienes de alguna manera estaban relacionados a Qumrán.[9]

Hoy en día, los eruditos aún están en desacuerdo sobre el local. Bowman pone el destino de la carta en Samaria cerca de Sicar.[10] Pero lo hace con la postulación de que convertidos esenios se ajuntaron allí después del martirio de Esteban en Jerusalén. Spicq favorece a Siria. Braun prefiere Asia Menor donde se encuentra Efeso. Y Leonhard Goppelt reclama Roma, mientras la mayoría favorece Alejandría.[11] ¿Con qué motivo? Previos esenios vivían allí. Aunque yo creo que el local específico tiene que ser Efeso, sus razones son válidas.

Con el descubrimiento de los Rollos del Mar Muerto, los esenios — una secta del judaísmo contemporánea con los Fariseos y Saduceos — se han claramente enfocado. Viendo que la mayoría de los rollos son del primer siglo D.C. o los principios del primer siglo D.C., el grupo que los escribió o los copió estuvo parado en el umbral del comienzo del cristianismo.

Tres escritores del primer siglo marcaron su importancia: Flavio Josefo, historiador de *La Guerra Judía* y *las Antigüedades de los Judíos*; Filón, el filósofo Alejandrino y Plinio el Anciano, un autor romano (*Historia Natural.*) Filón, así como Josefo y Plinio, admiraba a los esenios, quienes ejemplificaban el tesis de su libro, *Todo Hombre Bueno es Libre.*[12]

Fue Plinio quien nos reveló que los esenios estaban en las orillas occidentales del Mar Muerto.[13] Su proximidad al Mar Muerto, y muchas identificaciones cruciales con rollos sectarios encontrados en sus alrededores han ligado a los esenios inexorablemente al Qumrán. Desafíos recientes a una presencia predominante de esenios en Qumrán son débilmente defendidos e insignificantes en vista de la muy bien documentada existencia de una comunidad esenia.

No obstante, uno debe estar enterado de afirmaciones recientes de que el grupo en Qumrán era originalmente Saduceo — postulando que las típicas creencias Saduceas, ausentes en Qumrán, fueron tiradas por la borda. C. Vanderkam, defendiendo el punto de vista dominante, indica que Plinio y otras fuentes antiguas no tenían alguna razón para fabricar sus reportes de los esenios. Más aun, sus descripciones concuerdan con textos sectarios: literatura de la Biblioteca Qumrána «nos está mostrando un verdadero grupo esenio.»[14]

Los lectores eran previos esenios

Los lectores eran previos esenios. No intentaré presentar toda la evidencia, que ha estado creciendo más y más desde que H. Kosmala por primera vez presentó el caso. Algunos resaltos serán suficientes. Cuatro temas comunes con Hebreos y esenismo serán discutidos:

1. Gente del nuevo pacto (Diálogo con la auto imagen esenia)

2. Sumo sacerdote, sacrificio y expiación

3. Los ángeles desde varios puntos de vista

4. ¿Un Mesías o dos? (¿Un Mesías sacerdotal?)

Una palabra de ánimo está en orden; ponga mucha atención y será galardonado con un mejor entendimiento de la Epístola a los Hebreos.

Gente del nuevo pacto
(Un Diálogo con la auto-imagen esenia)

¿Cómo se describían a sí mismos los hombres y mujeres de Qumrán? Eran gente del «Pacto» — específicamente, el «Nuevo Pacto.»[15] Hay veintiocho referencias al «Nuevo Pacto» en el Nuevo Testamento. *De estas, exactamente la mitad están en Hebreos.*[16] Ambos la secta en Qumrán y el autor de Hebreos citan el tema del Pacto en Jeremías (Jer. 31:31-34, citado en Heb. 8:8-12) y aluden a «la sangre del pacto» (Zac. 9:11).

La secta pensaba de sí mismo como recipientes del Nuevo Pacto.[17] De muchas instancias, yo cito dos:

Y todos aquellos que entran en la orden de la comunidad serán trasladados al pacto ante Dios... (Manual de Disciplina)[18]

...aquellos que actuaron traicionadamente en contra del nuevo pacto, porque no creyeron en el pacto de Dios... (El Comentario de Habacuc)[19]

La Epístola a los Hebreos les recordó a los previos esenios en forma muy fuerte y directa que los cristianos son la gente del nuevo pacto:

Así que, por eso es (Jesús) mediador de un nuevo pacto... (Heb. 9:15)

...a Jesús el mediador del nuevo pacto... (Heb. 12:24)

Jesús es entonces hecho fiador de un mejor pacto. (Heb. 7:22)

Sabemos que Habacuc era cerca del corazón de la secta, pues un comentario sobre el libro del Antiguo Testamento fue encontrado en las cuevas qumranas. El autor de Hebreos usó una cita de Habacuc al amonestar a los lectores a permanecer en el nuevo pacto:

Por aún un poquito,
y él que ha de venir vendrá,
y no tardará;
más el justo vivirá por fe;
y si retrocediera,
no agradará a mi alma.

(Heb. 10:37-38 citando Habacuc 2:3-4)

El autor prosigue con una exhortación:

Pero nosotros no somos de los que retroceden para perdición,
sino de los que tienen fe para preservación del alma.

(Heb. 10:39)

Ahora compare esto de Qumrán:

Con la venida del día y la noche
Entraré al Pacto de Dios
Y con la salida del anochecer y el amanecer
Declararé sus decretos;
Y mientras existen yo estableceré mi límite
Para no retroceder.

(Del Salmo Concluyente en el Manual de Disciplina)[20]

Ambos la secta y nuestro autor creen que retroceder es quebrar el pacto con Dios (Heb. 10:39). Usan palabras similares: «No somos de los que retroceden», «Para no retroceder (del pacto).»

Sumo sacerdote, sacrificio y expiación

Para el escritor de Hebreos, Jesús es el Mesías y sumo sacerdote. Es sumo sacerdote de una orden eterna — comparable, como ya hemos visto, a Melquisedec:

> ...no constituido conforme a la ley del mandamiento acerca de la descendencia, sino según el poder de una vida indestructible. Pues se da testimonio de él: «Tu eres sacerdote para siempre, Según el orden de Melquisedec.»

> (Heb. 7:16-17, citando Salmos 110:4).

A diferencia de otros sumos sacerdotes, Cristo entró en el verdadero santuario — el Cielo mismo (Heb. 9:24). Ofreciéndose a sí mismo, no la sangre de toros y machos cabrios,

> ...Cristo...ofrecido una vez y para siempre un solo sacrificio por los pe.cados ... (Heb. 10:12)

> Eficaz, una vez y para siempre su sacrificio no necesita ser repetido (Heb. 7:27).

La vida cristiana es un continuo «Día de Expiación»[21] (cuando un toro y dos machos cabrios eran sacrificados como una ofrenda de pecado).[22] Pero en lugar de repetir el sacrificio usual, «ofrecemos continuamente un sacrificio de alabanza, esto es, fruto de labios que confiesen su nombre» (Heb. 13:15).

¿Cómo muestra todo esto un diálogo con el pensamiento esenio? Después de todo, los esenios no inventaron el sacrificio y la expiación. Estos, juntamente con el Sumo Sacerdocio, eran temas vitales en el Judaísmo.

Como indica Bowman, a Qumrán le faltaba un Día de Expiación. La enseñanza de Hebreos sobre un «continuo Día de

Expiación» enfatiza la falta (Heb. 10:19-31; 12:22-24; 13:12-16).
Y el sumo sacerdote distinto de Hebreos, quien se sacrificó a
sí mismo, choca con el sumo sacerdote de Qumrán de descendencia Aarónica quien enseña escritura y encabeza una
congregación. La naturaleza del Sumo Sacerdocio estaba en
el primer plano de las enseñanzas qumranas. Entonces Bowman está seguro que Hebreos fue escrito en el contexto de
Qumrán, contemporáneo con la Secta.[23]

Encuentro evidencia explícita para esto en el capítulo 13
de Hebreos. El autor escribe del sacrificio de Jesús:

> Por lo cual también Jesús, para santificar al pueblo
> mediante su propia sangre, padeció fuera de la puerta. Sal-
> gamos, pues, a él, fuera del campamento...
>
> (Heb. 13:12-13).

*El sacrificio (crucifixión) tomó lugar fuera del campamento
(fuera de la ciudad).* Esto es diferente al sacrificio que se acostumbra llevar acabo en el templo (Lev. 16:16). Los animales se
mataban en el santuario. El Día de Expiación, la sangre de los
animales se llevaba al Lugar Santísimo. Después, los cuerpos
de los animales sacrificados eran quemados fuera del campamento (Lev. 16:27). El autor compara la ofrenda de pecado
fuera del campo con la ofrenda de pecado dentro del santuario, y dice que el que se hace afuera es mejor:

> Tenemos un altar, del cual no tienen derecho de comer los
> que sirven al tabernáculo. Porque los cuerpos de aquellos
> animales cuya sangre a causa del pecado es introducida
> en el santuario por el sumo sacerdote, son quemados fuera
> del campamento. Por lo cual también Jesús, para santifi-
> car al pueblo mediante su propia sangre, padeció fuera de
> la puerta.
>
> (Heb. 13:10-12)

¿Cómo podemos saber que el autor está escribiendo dentro del contexto de Qumrán? Pues, su sacrificio más común era una vaca alazana como una ofrenda de pecado (Num. Cap. 19). Esta vaca era exterminada fuera del campamento.[24] *No en el santuario.* Jesús fue *exterminado fuera del campamento* — un hecho muy significante para previos esenios, pero no tan significante para otros judíos, para quienes los sacrificios en el santuario eran mucho más importantes.

¿Por qué era el sacrificio de la vaca alazana una costumbre en Qumrán? Los esenios se habían excluido a sí mismos del templo. Por ley, sólo ciertos sacrificios se permitían fuera del templo. Estos se llamaban «los lustrales», para «purificación.» La vaca no sólo era para ofrenda de pecado. Sus cenizas se usaban para preparar agua santa, para purificación.[25]

El Agua Santa era para lavamientos rituales, muy frecuentes entre los esenios.[26] Una alusión a su práctica común se encuentra en Hebreos:

... purificados los corazones de mala conciencia, y lavados los cuerpos con agua pura... (Heb. 10:22).

Los ángeles desde varios puntos de vista

Leyendo la Epístola a los Hebreos, a uno le da la impresión de algo raro. Los primeros dos capítulos están dedicados a establecer la superioridad de Jesús sobre los ángeles. Efectivamente, como veremos, el autor es impulsado a explicar por qué Cristo no vino a la tierra como un ángel. ¿Cómo explicamos el enfoque que se le da a esta línea de razonamiento? De hecho, ésta es otra área de diálogo con creencias esenias.

Para la secta, los ángeles estaban en el primer plano del plan de Dios. Eran un sinfín de espíritus; algunos buenos, algunos malos. Unas pocas palabras sobre los ángeles malos en documentos de Qumrán:

Y en la mano del ángel de tinieblas está todo dominio sobre
los hijos de error...
Y a un lado del ángel de tinieblas...
...todos los ángeles destructores...
(Manual de Disciplina II).[27]

Y en el día que el hombre se obligue a regresar a la ley de
Moisés
el ángel de enemistad se apartará de él si cumple a sus
palabras
(El Documento de Damasco XX).[28]

... por todos los ángeles de destrucción...
(El Documento de Damasco II).[29]

Hay buenos ángeles también. En la apocalíptica «Guerra de Los Hijos de Luz contra Los Hijos de las Tinieblas», ellos pelean junto con el ejército de los justos. De sus números, Rafael, Miguel y Gabriel son nombrados.[30] «El ejército de los santos», «congregación de los hijos del cielo», «la asamblea eterna», son otras maneras de describirlos.[31]

Uno fácilmente puede discernir un paralelo verbal en Hebreos:[32]

Sino que os habéis acercado al monte Sion, a la ciudad del Dios vivo, Jerusalén la celestial, a la compañía de muchos millares de ángeles, a la congregación de los primogénitos... (Heb. 12:22-23)

Para sus buenos ángeles, Qumrán imputó poderes divinos. El Manual de Disciplina se jacta de un concilio de ángeles con perspicacia de la sabiduría de Dios:

Purificará por su verdad todas las obras de los hombres... para dar a los rectos perspicacia en la sabiduría del conocimiento del altísimo y en la sabiduría de los hijos del cielo, para dar a los perfectos el camino de entendimiento.[33]

Los «hijos del cielo» son ángeles en el concilio divino, quienes están enterado del «plan de operación» de Dios.[34] El espíritu (o ángel)[35] de verdad le ayuda a la gente a creer en «*las obras de Dios*».[36] Cuando los discípulos de Jesús le preguntaron, «¿Qué debemos hacer para poner en práctica las obras de Dios?», estaban usando la misma frase (Juan 6:28). Jesús les dijo: «Esta es la *obra de Dios*, que creáis en el que él ha enviado» (Juan 6:29).[37] Este diálogo breve apunta a un verdadero *conflicto entre el papel de los ángeles y la soberanía de Cristo*. Los ángeles, en la escuela de Qumrán, les otorgan ayuda, sabiduría, virtud y buenas obras a los fieles:

... pero el Dios de Israel y su ángel de verdad han ayudado a todos los hijos de luz...

(Manual de Disciplina II).[38]

Con razón la soberanía de Cristo tenía que ser establecida desde un principio.

Mientras los primeros dos capítulos aceptan el desafió, leemos:

Cristo es hecho tanto superior a los ángeles.

(Heb. 1:4)

Porque ¿a cuál de los ángeles dijo jamás, «Mi hijo eres tú...?»

(Heb 1:5)

Ciertamente de los ángeles dice: «El que hace a sus ángeles espíritus, y a sus ministros llama de fuego.» Mas del Hijo dice: «... cetro de equidad es el cetro de tu reino».

(Heb. 1:7-8)

... ¿a cual de los ángeles dijo Dios jamás: «Siéntate a mi diestra...»?

(Heb. 1:13)

De hecho, los ángeles no son superiores a la humanidad, a quienes Dios les sujetó el mundo (Heb. 2:5-8). A previos esenios, quienes pensaban que Jesús debiera haber venido como ángel, el autor dijo: «Dios no está preocupado con los ángeles, sino con la gente. Así es que Cristo tuvo que ser hecho semejante a sus hermanos y hermanas, para ser su sumo sacerdote, y así expiar sus pecados» (parafraseado Heb. 2:16-17).

Aquí tenemos una explicación de que Jesús no vino a rescatar a los ángeles, sino a la humanidad; por lo tanto se tuvo que encarnar como un ser humano para que pudiéramos tener un verdadero modelo y redentor. Y tenemos una razón para la explicación; el autor estaba dialogando con creencias que eran competitivas y contradictorias al cristianismo.

El tema de los ángeles, sin embargo, se encuentra en Hebreos, y no es completamente repudiado. Como la secta de Qumrán, [39] y una rama de teología judía contemporánea, el autor adopta el punto de vista de que los ángeles fueron los que le entregaron la ley a Moisés:

Porque si la palabra dicha por medio de ángeles fue firme, y toda trasgresión y desobediencia recibió su justa retribución ... (Heb. 2:2).

Un punto de vista, por cierto, que es basado en el texto hebreo, de mediación de la ley por los ángeles[40], es asumido

159

en las palabras de Esteban (Hechos 7:38, 53), uno de tantos puntos similares con el Documento de Damasco (V, 18) de los esenios,[41] que asegura que Moisés recibió su autoridad por un ángel. El autor de Hebreos, familiarizado sólo con el Septuaginto, está, así como Esteban, aludiendo a creencias esenias.

¿Un Mesías o dos? (¿Un Mesías sacerdotal?)

Las creencias peculiares sobre el Pacto, Sacrificio y Ángeles eran renovadas para conformarse a la enseñanza cristiana. Incrementalmente, percibimos en Hebreos un diálogo con previos esenios; otra jornada a las cuevas de Qumrán y su tesoro de rollos debe decidirlo. Una vez más, sobreponemos el paisaje mental de Qumrán sobre el de Hebreos, para otro enlace.

¿Qué es lo que creía el judío común y corriente en los días de Jesús? Un Mesías estaba por venir. Tejido a través del Nuevo Testamento está su expectativa. Al contrario de los otros judíos, los esenios tenían un dogma distinto. No uno, sino dos Mesías habían de venir:[42] un sacerdote de la línea de Aarón y un rey de la línea de David.[43] Aquí está el gran peso de evidencia. Nuestra discusión abarcará desafíos recientes a este punto de vista predominante.

Hablando del dualismo mesiánico de Qumrán, Hebreos insiste en que rey y sacerdote serían combinados en una persona.[44] Esto en breve es la razón principal que los eruditos ven en Hebreos un diálogo con el esenismo.

La necesidad de refutar y convencer es de importancia capital. Una tercera parte de la epístola se dedica a este argumento — los capítulos 5 al 8. El autor empieza una explicación (Heb. 5:1-10), luego advierte que es difícil de entender pero muy necesario (Heb. 5:11-6:20). El meollo del caso está en el capítulo 7. In en capítulo 8 se nos dice que el sacerdocio superior de Cristo tipifica un nuevo pacto, así como el viejo sacerdocio de la línea aarónica tipifica el viejo pacto.

Entremos al grano de esta controversia.

Los documentos de Qumrán[45] hablan de dos Mesías. El Mesías sacerdotal de la línea de Aarón está en primer rango.[46] En el banqueta mesiánico, el sacerdote junto con sus seguidores tomarán sus asientos primero. Después de esto entra el Mesías de Israel (de la línea de David) juntamente con sus seguidores. El Sacerdote es primero en tocar el vino y el pan.[47]

Los judíos que no eran esenios esperaban un Mesías que vendría de la casa de David, y Jesús fue identificado por la iglesia como el Mesías davídico.[48] No esperaban que su Mesías fuera un sacerdote. El autor de Hebreos no se dirigía a ellos al explicar el sacerdocio de Cristo.

Al principio, esenios convertidos al cristianismo pudieran haber aceptado a Jesús como el Mesías Davídico. Luego, negando su papel subordinado, lo pusieron en el papel de sacerdote.[49] Pero Jesús no era de la línea sacerdotal. El problema se trata en Hebreos:

> Porque manifiesto es que nuestro Señor vino de la tribu de Judá, de la cual nada habló Moisés tocante al sacerdocio (Heb. 7:14).

¿Cómo puede ser esto reconciliado? El autor tiene una explicación. Jesús no es de la orden de Aarón: es sacerdote según la orden de Melquisedec (Heb. 6:20; 7:11).[50] Melquisedec es una figura eterna, sin padre o madre; no tiene nacimiento ni muerte (Heb. 7:3). En esto, el estatus de Jesús trasciende y anula la necesidad de descendencia Aarónica.

«Melquisedec, rey de Salem», como ya sabemos, significa «rey de justicia, príncipe de paz» (Heb. 7:1-2). Es ambos rey y príncipe. Jesús sigue ese mismo patrón. ¡Que analogía tan excelente! En esto, Jesús combina la función de los dos Mesías.[51]

¿Tiene el autor una base bíblica para esta comparación? Sí, y aquí está:

Jehová dijo a mi Señor:
Siéntate a mi diestra... (Salmo. 110:1)
Juró Jehová,
y no se arrepentirá:
«Tú eres sacerdote para siempre
Según el orden de Melquisedec» (Salmo 110:4)
(Citado en Heb. 5:6; 7:17; 7:21)

Un texto en el Viejo Testamento instiga la postulación de que el Mesías es una sola persona:[52]

Y le hablarás, diciendo: Así ha hablado Jehová de los ejércitos, diciendo: He aquí el varón cuyo nombre es el Renuevo, el cual brotará de sus raíces, y edificará el templo de Jehová. El edificará el templo de Jehová, y él llevará gloria, y se sentará y dominará en su trono, y habrá sacerdote a su lado (el Septuaginto dice «y habrá un sacerdote a su diestra»)[53]; y consejo de paz habrá entre ambos.

(Zac. 6:12-13)

El autor se aseguró de aludir a este pasaje (Heb. 3:3, 6). Tendremos que estar de acuerdo con Bowman y muchos otros de que Hebreos intenta confutar el reclamo esenio.[54]

Un rollo recientemente publicado, 4Q521, fechado alrededor de 100 a. C. a 70 D.C., y nombrado «El Mesías del Cielo y la Tierra», ha sido estudiado por Wise y Tabor.[55] Ellos proponen una traducción del texto dando sólo un Mesías. Sin embargo,

Edward Cook nota que una traducción alternativa del texto hebreo, hablando de Mesías plurales, es igualmente defendible, y aun preferible.[56] Wise y Tabor, él dice, pasaron por alto el paralelismo de las primeras dos líneas, interpretando:

> (...los cielos) y la tierra obedecerán su Mesías, (el mar y todo) lo que en ellos está. No se apartarán del mandamiento de sus Santos.

Para poder mantener una idea paralela, Cook dice, el plural es necesario en la segunda línea así como en la primera:

> Cielo y tierra obedecerán a sus Santos,
> Nada en ellos se apartarán del mandamiento de los Santos.

En una nota al pie de la página, Cook aclara que «el mar y todo...,» propuesto por Wise y Tabor para restaurar el texto, no cabe en el espacio disponible. Para reforzar su caso, Cook apunta a un plural «sin ambigüedad» en «otro fragmento del mismo rollo.»

Aunque él considera otras posibilidades que los ungidos pueden ser sacerdotes representantes de Israel — los «Mesías plurales» también pueden ser Mesías de Aarón e Israel. Porque son descritos en términos tan exaltados (cielo y tierra los obedecerán), yo considero que la referencia aquí es a dos Mesías.

Antes de dejar este tema, es bueno mencionar que la identificación de Melquisedec con el Mesías, una característica de Hebreos, se encuentra en otro Rollo de Qumrán, 11QMelch. De hecho, Buchanan lo llama «la identificación pre-cristiana más importante de Melquisedec con el Mesías.»[57]

En 11QMelch, se esperaba que Melquisedec proclamara libertad a ciertos cautivos, («hijos de luz») y «expiación por sus pecados». El autor de este rollo identificó a Melquisedec como el Mesías, usando terminología encontrada en Hebreos: Hijo y Sumo Sacerdote.[58]

Aun si las dos funciones mesiánicas — sacerdotal y real — fueran combinadas en una sola persona, en algunos documentos, siguen siendo características distintas del Mesías. Un Mesías sacerdotal, una expectativa no normal fuera de Qumrán, pero importante a la secta, encuentra delineación amplia en la Epístola a los Hebreos.

Irrefutablemente, Melquisedec tenía un estatus exaltado en Qumrán, y los eruditos han argumentado que el autor estaba muy consciente de esta realidad.[59] Sin embargo, el centralismo del sacerdocio en la epístola es desarrollado más allá del texto fragmentado de 11QMelch.

Un Mesías sacerdotal, uno que es sumo sacerdote, es un tema al cual se le ha dado primacía en Hebreos (cap. 4:14 — 10:14). El concepto central de Jesús como sumo sacerdote es originalmente introducido en Hebreos. Jesús como sumo sacerdote, es «el gran tesis de la epístola... casi único en el Nuevo Testamento... Pablo insinúa a la idea... (Rom. 8:34b), pero no desarrolla la idea.»[60]

Para resumir, el autor argumenta para un solo Mesías quien combina las identidades de Rey y Sacerdote. Melquisedec es presentado, exaltado y eterno, un presagio de Cristo. Finalmente, Jesús es delineado como sumo sacerdote. En cada caso, el autor de Hebreos ha envuelto a sus lectores en un diálogo con asuntos esenios.

¿Dónde están los previos esenios a quienes tan convincentemente se les dirigió? Están reunidos en una iglesia con experiencias comunes — en un lugar a donde muchos esenios habían en otro tiempo venido, y donde otros judíos fueron influenciados por sus creencias. ¿Dónde está su iglesia?

Regresemos una vez más a la Tabla de Comparaciones.

Medio de conversión

Sabemos cómo fue convertido el autor, pues se nos comparten las circunstancias. Ciertas personas reiteraron la palabra de salvación que habían escuchado de Jesús. Lo mismo se puede decir de los recipientes de la epístola (Heb. 2:3). Esta es una buena pista a su local y circunstancia.

Por ejemplo, en Jerusalén, la iglesia se componía mayormente de hombres y mujeres quienes escucharon a Jesús enseñar. ¿Los describiría alguien como convertidos de hombres que escucharon a Jesús enseñar?— algo que podían decir de si mismos.[61] Improbable.

Los apóstoles y otros discípulos palestinos rodearon Asia y el sur de Europa. Solamente Corinto no cumple en enlazarse con el perfil de una ciudad donde conversión por testigos fue lo típico. Sabemos que la iglesia en Roma fue fundada por tales personas. William Barclay la llevaba muy bien cuando dijo que Ciudad X fue visitada por apóstoles, aunque su iglesia no fue directamente fundada por ellos.[62] El autor estaba en Ciudad X en sus primeros días y tendría que haber sido uno de sus fundadores. Yo nombro a Timoteo y Pablo, con quienes el autor estaba cercanamente relacionado, como dos otros fundadores (Heb. 13:23). Al ver la tabla, puede usted ver que es posible que estemos hablando de Efeso.

¿Quiénes fueron los predicadores apostólicos en Efeso, que habían visto y oído a Jesús? Primero, el Apóstol Juan. Del 37 a 48 D.C. está en paradero desconocido, pero muchos eruditos lo localizan en Efeso y no hay nadie que lo cuestione seriamente.[63] La afinidad de su evangelio con Qumrán es una buena razón para creer en su presencia en la colonia esenia de

Efeso. Eusebio cita Orígenes (ca. 225 D.C.) al efecto de que el círculo de acción de Juan era Asia.[64] Irenaeus (2do siglo) pone a Juan como un maestro en Efeso, y a Pablo como el fundador de su iglesia.[65] Muchas fuentes localizan a Juan en Efeso en sus últimos años, pagando tributo a su enorme influencia en Asia[66] donde murió.[67]

Otro discípulo de Jesús, conocido por el mismo nombre, fue Juan el Presbítero o Mayor, quien Papías (primer siglo) distinguió del apóstol.[68] Eusebio cree que una segunda tumba con la inscripción «Juan», en Efeso, era para este otro líder eminente. Algunos eruditos lo asocian con el Libro del Apocalipsis, cuyo autor se refiere a sí mismo como profeta, no como apóstol (Apoc. 22:9). Otros testigos en Efeso eran refugiados de Palestina cuyos nombres no podemos dar.

Mirando en la tercera sección de la tabla llegamos a Alejandría. Sabemos que el cristianismo llegó a Alejandría, pero cómo, cuándo y por medio de quién es oscuro.[69] Jerónimo lo traza a Marcos.[70] Como va la tradición, Marcos fue el primero en predicar el evangelio y fundar una iglesia en Egipto.[71] No todos están de acuerdo. Carrington piensa que sólo es una leyenda.[72] Wikenhauser hasta duda de que Marcos fuera el primer Obispo de Alejandría — como Eusebio había registrado por primera vez.[73]

¿Será que un apóstol, Marcos, predicó en Alejandría? Si es así, un testigo trajo la palabra de salvación. Pero por esta tradición, la ciudad está inhabilitada en hacer juego con Ciudad X, aun si fuera fiable. ¿Por qué? Porque aun la tradición pone la visita de Marcos en Egipto después de la muerte de Pedro y Pablo (ca. 67 D.C.).[74] Tenemos cuentas de Marcos desde el Pentecostés hasta el año 67, y Egipto no estaba en el itinerario.[75] ¿Entonces quién fue el testigo que predicó en la Ciudad X si en verdad X = Alejandría? Simplemente no lo sabemos.

Efeso mucho mejor queda en la ecuación.

Organización y liderazgo

Viendo en la cuarta sección de la tabla, vemos que Roma tenía un fuerte liderazgo. Pero si intentamos igualar su organización con la de X, no tenemos nada en que basarlo. Al contrario, sabemos mucho más de la organización y el liderazgo de la iglesia de Efeso en más o menos 65 D.C. Su semejanza a la Iglesia X no es nada menos que extraordinario.

Pablo, Priscila, Aquila, Timoteo y Erasto fueron de los primeros evangelistas, edificando sobre el fundamento de los apóstoles. Pablo siguió adelante, dejando a Priscila y Aquila. Timoteo y Erasto se fueron al mismo tiempo. Eventualmente, Timoteo fue re-asignado a Efeso. De los líderes nativos, conocemos a varios por nombre. Tíquico (de Asia) y Trófimo (un Efesio) eran asistentes de Pablo. Más tarde escuchamos de Onesíforo, un efesio fiel a Pablo. Entre paréntesis, el territorio de Apolos era Corinto, y su estancia en Efeso fue breve (Hechos 18-19).

¿A quién dejó encargado Pablo cuando se fue? Un ministerio nativo muy bien entrenado — mayores de la iglesia (Hechos 20). Eran oficiales carismáticos, pues el Espíritu Santo los había hecho guardianes de la iglesia. «Por tanto, mirad por vosotros, y por todo el rebaño...» les dijo Pablo, y partió.

Ahora lea la descripción de Iglesia X. Bowman toma nota de dos grupos de líderes en Hebreos; el primer grupo de fundadores (Heb. 13:7) quienes ya no están, y los líderes permanentes quienes están «velando por vuestras almas»[76] (Heb. 13:17).

La calidad de liderazgo en ambas iglesias es otro punto de identidad. El cariño de los ancianos de Efeso hacia Pablo y su dedicación a su llamado es puntualizado en Hechos (capítulo 20). Muy parecido a los líderes de Iglesia X, quienes conocían a Timoteo, colega de Pablo, y cuidaban diligentemente a su rebaño.

Condición espiritual

Aun más ineluctable es la similitud extraordinaria en la condición espiritual de ambas iglesias, X y Efeso.

Al principio, la palabra de los testigos fue respaldada por Dios quien «...testificando juntamente con ellos, con señales y prodigios y diversos milagros...» Así escribió el autor de Hebreos (Heb. 2:4), quizás tenía a Juan el Apóstol en mente, quien por el poder de Dios resucitó a un hombre muerto en Efeso. Apolunio, escribiendo ca. 225 D.C., registró el incidente.[77] Otros milagros y prodigios vinieron por medio de Pablo, quien sanó a los enfermos y sacó a los demonios (Hechos 19:1, 12, 16, 17). Que sepamos, Efeso es la única ciudad donde muchos fueron convertidos por medio de los dones milagrosos de Pablo.

Estamos seguros que Hebreos fue diseñado para echar leña al celo desmadejado de los lectores. Se les advierte de la apatía (Heb. 12:12-13) y el desmayo (Heb. 12:3). «¿Cómo escaparemos nosotros, si descuidamos una salvación tan grande?» (Heb. 2:3a). «No dejando de congregarnos, como algunos tienen por costumbre» (Heb. 10:25). Su apatía es puesta contra un trasfondo de su fe previa, por la cual sufrieron con gozo (Heb. 10:32-34). Así como la iglesia de Efeso, donde la religión había perdido, en cierta medida, la exaltación del Espíritu Santo pero el hacer buenas obras había permanecido. La iglesia a la cual se dirige en Hebreos se reconocía por su caridad, una virtud que es alabada (Heb. 6:10). También la iglesia de Efeso.

(Una característica que hacia falta en Jerusalén, un centro de pobreza, en necesidad de la atención de otras iglesias.)

Las condiciones de Efeso son claramente expuestas en el mensaje de Juan en el libro de Apocalipsis (Apoc. 2:2-4):

> Yo conozco tus obras, y tu arduo trabajo y paciencia... has dejado tu primer amor...

Así como la iglesia en Hebreos, se les tuvo que recordar a los cristianos en Efeso juntarse para la Santa Cena y oración. La epístola de Ignacio a los Efesios les rogó que lo hicieran más frecuentemente.[78]

Desgraciadamente, falsos maestros se levantaron de los rangos eclesiásticos en Efeso. El pronóstico de Pablo se había cumplido:

> Porque yo sé que después de mi partida entraran en medio de vosotros lobos rapaces, que no perdonaran al rebaño. Y de vosotros mismos se levantaran hombres que hablen cosas perversas para arrastrar tras si a los discípulos. Por tanto, velad... (Hechos 20:19-31a)

Años después, Juan habló de hombres que se decían ser apóstoles pero no lo eran (Apoc. 2:2). Con gran preocupación por la iglesia, Pablo le rogó a Timoteo a quedarse en Efeso para combatir en contra de aquellos que enseñaban falsas doctrinas (I Tim. 1:3). Pablo delinea sus doctrinas particulares brevemente y con certeza. Prestaban su atención a especulaciones interminables de fábulas, genealogías y ley. Todo esto desviaba a los cristianos, quienes deben confiar en Dios y caminar de acuerdo al Espíritu (I Tim. 1:4-11). Para empeorar las cosas, un grupo extremista—los Nicoláitas (Apoc. 2:6)—promovían la inmoralidad, y el consumir comidas sacrificadas a los ídolos (Apoc. 2:14-15). Los Nicoláitas eran una secta en las iglesias de Efeso y en el cercano Pérgamo.[79]

Su doctrina era aquella la de Balaam, [80] y eran un verdadero problema. Juan los reprende (Apoc. 2:6, 14, 15); también Pedro (II Pedro 2:15) y Judas (Judas 7-11).

Acosada por falsas enseñanzas, Efeso se defendió muy bien ante el asalto, rechazando a falsos apóstoles, y las obras de los Nicoláitas (Apoc. 2:2, 6).

¿Cómo se corresponden estos datos a los problemas específicos en la carta a los Hebreos? Perfectamente. La amenaza de revertirse al Judaísmo era de grandes proporciones, juzgando por la atención tan cuidadosa del autor a ella. La «Nueva Moralidad» de los Nicoláitas sale a flote para una censura breve y determinante (Heb. 12:15-17).

La fecha de revelación

¿Es el Libro del Apocalipsis, al cual nos referimos, una fuente válida de información para Efeso en el año 65 D.C.? Sí, aun cuando los eruditos le ponen una fecha de 90-96 D.C., en el reinado de Domiciano. Las modas principales en la iglesia pueden durar de 25 a 30 años o más.

Una alternativa viable a la fecha tradicional es 64-68 D.C., en el reinado de Nerón o 68-69 D.C., un poco después de su muerte. Muchos exegetas han argumentado a su favor.[81] Juan pudiera haber sido exilado durante la persecución severa que instigó Nerón.[82] El Canon Muratoriano (líneas 48-50) implicó la fecha más temprana, diciendo que Pablo sólo escribió a siete iglesias «siguiendo la regla de su predecesor».[83] Juan, como ya sabemos, envió Apocalipsis a siete iglesias. Obviamente, si Apocalipsis precedió la muerte de Pablo, una fecha temprana es necesaria.

Por lo menos parte de Apocalipsis fue escrito antes de 70 D.C., pues incorpora material apocalíptico temprano. Y la profecía de que ambos el Templo y la ciudad de Jerusalén serían preservados (Apoc. 11:1-2) no es la clase de predicción uno inmortalizaría después de que los dos fueron destruidos.

Por estas razones la evidencia de la revelación de Juan es admitido en la corte.

Persecución llevada por los cristianos

Otro letrero apuntando hacia Efeso es la clase de persecución enfrentada por los lectores en Ciudad X. Se burlaron de ellos y les robaron. Es posible que algunos fueron encarcelados (Heb. 10:32-34). A pesar de su gran sufrimiento, aun no habían derramado su sangre (Heb. 12:4).

Efeso le enlaza mucho mejor que Roma donde la persecución de Nerón broto en 64 D.C. después de muchos años de peligro continuo. En cuanto a Jerusalén —los cristianos allí habían muerto por su fe. El martirio de Esteban por apedreada fue seguido por maltrato y encarcelamiento de discípulos. Santiago, el hermano de Juan, fue decapitado. Santiago el Justo fue lanzado de un parapeto y lo golpearon hasta matarlo en 62 D.C.,[84] alrededor de 3 años antes de que se escribiera Hebreos. La fecha de su muerte es atestiguada por Josefo y el historiador cristiano del segundo siglo, Hegesipo.[85]

Conjeturamos que la persecución en Efeso no era de muerte. Efeso tenía la más grande proporción de convertidos a población total que cualquier otra ciudad en el mundo. En el primer siglo, Asia Menor era «el centro espiritual del cristianismo», donde la nueva fe se propagó más rápidamente.[86] Una marcada diferencia a Roma, donde el martirio era común y el crecimiento de la iglesia mucho más lento. La «inmensa multitud» de creyentes de Tacitus en 64 D.C.[87] sólo eran unos cuantos miles a lo más.[88] Lo siguiente contiene algunas estadísticas para mostrar como la amenaza de muerte mantuvo bajo el número de cristianos en Roma:

Fecha	Número estimado de cristianos en Roma
65 D.C.	Unos cuantos mil[89]
ca. 200 D.C.	10,000[90]
250 D.C.	40-50,000 en el reinado de Decius[91] (Gibbon estima 50,000)
300 D.C.	70-80,000 a lo más en el tiempo de la persecución de Diocletian[92] (Harnack estima 60-120,000 al principio del 4to siglo)[93]

El crecimiento más rápido en Efeso fue el resultado de condiciones más leves, que no representaban una amenaza eminente a las vidas de los creyentes.

¿Cuándo aguantó sufrimientos la gente de Iglesia X? Inmediatamente después de que fueron «alumbrados» (Heb. 10:32), o bautizados. Barclay nota que el verbo «ser alumbrado» (photizesthai) se convirtió en un sinónimo a «ser bautizado.»[94] ¿Y cuándo aguantaron sufrimientos los cristianos de Efeso? Sabemos que un alboroto se instigó en contra de los cristianos en el inmenso anfiteatro de la ciudad cuando la iglesia estaba siendo fundada y Pablo aun estaba allí (Hechos 19). En otras palabras, *poco después de que muchos fueron bautizados.*

El populacho burlesco arrebató a Gayo y Aristarco, asistentes de Pablo (Hechos 19:29). ¿Hay alguien que dude que en el ambiente desenfrenado de la ciudad, los cristianos fueran sujetados a burla en Efeso, así como en Ciudad X? Siniestramente, Carrington anota que el teatro tenía un cupo para más de 20,000 personas. El hecho de que estaba lleno de gentiles causando disturbio es prueba de sentimientos anti-cristianos.[95] El Cristianismo presentaba una amenaza a los artesanos que vendían replicas del Templo de Artemisa como recuerdos. Otra buena señal del éxito rápido de la nueva fe, pero significaba problemas para sus seguidores.

En Ciudad X sus bienes fueron saqueados (Heb. 10:34). ¿Existe evidencia mostrando que esto mismo les pasó a los cristianos de Efeso? Efectivamente sí lo hay. Melito, obispo de Sardis en Asia en el segundo siglo, envió una petición al Emperador Antonino pidiendo reparaciones de quejas. Saqueo de bienes de los cristianos, que tomaba lugar esporádicamente en Asia, se había convertido en una ocurrencia diaria:

> Lo que antes nunca pasaba está ahora pasando — personas religiosas como un cuerpo son maltratadas y perseguidas por nuevos edictos por toda Asia. Informantes sin vergüenza queriendo llenar sus propias bolsas aprovechan de los decretos para poder robar abiertamente, saqueando a ciudadanos pasivos de día y de noche ... (de «Petición a Antonino»).[96]

Los cristianos estaban siendo chantajeados por una población contraria impulsada por decretos oficiales. Empezó en el reinado de Nerón:

> ... De todos los emperadores, los únicos que fueron persuadidos por consejeros maliciosos a mal representar nuestra doctrina fueron Nerón y Domiciano, quienes estaban en contra de los cristianos...[97]

Nerón empezó a reinar en 54 D.C., poco después de que Priscila llegó a Efeso y la iglesia de allí era fundada. Los creyentes empezaron a ser maltratados por el robo de sus bienes no mucho tiempo después de que habían sido bautizados.

Vivían en Asia. Aquellos que habitaban en la ciudad de Efeso fueron acosados por socavar el culto Artemiso, y la pérdida de ganancias que le causaron a sus artesanos.

Otro pedazo del rompecabezas cae en su lugar: En Hebreos 10:34 la congregación es elogiada porque «se compadecieron de los presos...» ¿Quiénes eran los prisioneros? ¿Eran cristianos encarcelados por su fe, o prisioneros en general? Del contexto, percibimos que es posible que ninguno de los suyos estuviera encarcelado, pero acudieron a ayudar a aquellos que sí lo estaban. Ahora, Ramsay nos informa de que Efeso era un puerto marítimo al fin de una carretera. Los prisioneros en camino hacia Roma eran encaminados por esta carretera. Venían de todas partes de la provincia de Asia.[98] Algunos eran criminales. Algunos estaban en camino a ser martirizados por Cristo. Eran marchados por la carretera y luego por las calles de la ciudad.

Entre sus rangos estaba Ignacio de Antioquía, quien fue martirizado más o menos en 110 D.C. Ignacio estaba bajo una estricta guardia militar mientras pasaba por Asia en camino a Roma. Pero les predicó a los cristianos en cada ciudad por el camino.[99] A la iglesia de Efeso les escribió: «Vosotros sois un alto camino para aquellos que van a morir por Dios.»[100] De esto deducimos que los cristianos en Efeso estaban singularmente situados para «compadecerse de los prisioneros», de los cuales muchos eran creyentes encadenados.

Si postulamos que la ciudad del autor fue Efeso, explicamos la referencia en Hebreos a lo que parece ser un ministerio especial a los prisioneros. Otra correspondencia con Ciudad X.

Ya que hemos estudiado la Tabla de Comparaciones, resolvamos para X.

«X» no es «Jerusalén»

La Tabla de Comparaciones falla en establecer Jerusalén como Ciudad X. La condición espiritual de su iglesia, su pobreza, los martirios que ocurrieron allí, son diferentes. La alusión a testigos es ilógica, si es que es dirigido a un lugar donde todos pueden hacer la misma afirmación. Erdman cierra el caso en contra de Palestina en general al notar que Hebreos no fue escrito en arameo — el idioma de su gente. No tiene mucho caso el escribir una carta en griego a un grupo de personas cuyo entendimiento del idioma es a lo más muy limitado.

«X» no es «Alejandría»

«Desconocida» es la mejor palabra para describir la iglesia de Alejandría en 65 D.C. Carrington habla sobre la deficiencia de evidencia sobre el Cristianismo en Alejandría, un área relacionada con ninguno de los libros del Nuevo Testamento.[101] Si es que Marcos evangelizo allí, lo hizo sólo después de las muertes de Pedro y Pablo en 67 D.C. Podemos con seguridad inferir que la iglesia en ese lugar fue fundada relativamente tarde. Obviamente, para cuando Hebreos fue escrito, no hubo tiempo para fundar la iglesia, sufrir pruebas, practicar actos de caridad y caer en una languidez espiritual.

Con todo esto, existe un grupo de personas que insisten en nombrar a Alejandría como el destino de la epístola. Daniélou liga Hebreos a Egipto, donde el esenismo estaba bastantemente arraigado.[102] Su razón, muy buena por cierto, puede ser aplicada a Efeso con la misma validez. Una y otra vez, leo que la influencia de Filón requiere un local Alejandrino. Se dice que el uso de alegoría para explicar escritura y su afición al uso de la palabra «logos»[103], subyacen mucho de Hebreos. Sin embargo, donde las ideas y el vocabulario de Filón ocurren en Hebreos, son adaptados a un punto de vista cristiano por el autor. Entonces también, Filón fue en cambio influenciado por los esenios, a quienes el admiraba grandemente, y su literatura. Hemos hablado detalladamente sobre los esenios, quienes numeraban más de 4000,[104] y vimos que en ninguna manera estaban confinados a Alejandría. Basta en mencionar que Priscila conocía a Filón y sus escritos.

Una brecha de credibilidad nos confronta en Alejandría. En el segundo siglo, los eruditos eclesiásticos en esa ciudad coleccionaron y editaron textos antiguos del Nuevo Testamento. Entre ellos se encontraban Origen y Clemente de Alejandría, quienes tuvieron un papel en obtener manuscritos originales.[105] Fue allí donde la tradición afirmo que Pablo fue el autor de Hebreos.[106] Peake asegura que si la Epístola a los Hebreos fue enviada a Alejandría, los eruditos brillantes de la ciudad, con todos sus estudios exhaustivos, hubieran conocido que Pablo no la escribió.[107] Huelga de añadir, si Apolos hubiera sido el autor, su ciudad de origen estuviera muy consciente de esta verdad en el primer y segundo siglo y lo hubiera proclamado con orgullo.

«X» no es «Antioquía»

Antioquía fue una ciudad Siriana muy importante en el Imperio romano. Un santuario de la persecución sucediendo en Palestina, es donde los seguidores de Jesús fueron por primera vez llamados cristianos, y donde las misiones extranjeras originaron. Al desigual de la iglesia descrita en Hebreos, Antioquía era un centro evangélico muy próspero, donde el alejamiento de la ley judía era apoyada (Gal. 2:11).

«X» no es «Corinto»

La iglesia de Corinto, predominantemente gentil, hace muy poco juego con la de Iglesia X. Cualquiera que fueran sus faltas y dificultades, la iglesia en esa ciudad no había caído en apatía espiritual. Al contrario, una abundancia de dones espirituales prevalecía, causando a veces el fraccionalismo. Sin un fuerte liderazgo nativo, la iglesia dependía de ayuda externa para resolver sus disputas.

«X» no es «Roma»

Muchos eruditos han favorecido a Roma como la ciudad que fue el destino de la epístola. Harnack fue uno de ellos; el diálogo con el esenismo en la carta, por su puesto, no hubiera sido información que él sabía en sus tiempos.

Un vistazo a la Tabla de Comparaciones revela que la demográfica romana se componía de muchos judíos; sin embargo, la ciudad no era, así como Efeso, un enclave esenio. La iglesia, en la cual predominaban los gentiles, tenía muchos previos prosélitos al Judaísmo. Para estos cristianos gentiles y previos prosélitos, la identidad Mesiánica de Jesús no era un tema polémico. Aun para cristianos judíos, quienes no habían sido esenios, su fe no dependía de este concepto.[108] De hecho, Jesús el Mesías como tema es notablemente ausente de la epístola de Pablo a los romanos.

Por contraste, Jesús el Mesías es el tema central de la Epístola a los Hebreos. ¿Por qué escribiera alguien con tanto fervor a los cristianos hebreos de Roma dentro de un contexto de creencias esenias, sabiendo muy bien que la mayoría de esta gente no eran previos esenios? ¿O regañar a los cristianos de Roma, reconocidos por su fe (Rom. 1:8), por su languidez espiritual? ¿O decir que aún no habían derramado su sangre, cuando la persecución y el martirio habían sido su suerte?

Lee Anna Starr, escribiendo en el año 1926, concuerda con Harnack en ubicar la carta en el eje de Roma y Efeso, pero ella dice que fue escrita en Roma. Ella compara Heb. 5:11-12 con Romanos 15:14, y encuentra un disparejo crucial. En el primer caso, los recipientes son «tardos para oír» y deben ser ya maestros, considerando el tiempo invertido en ellos; en el segundo caso, los recipientes son llenos de conocimiento y son muy capaces en amonestar (esto es, enseñar) el uno al otro. Starr lo considera obvio que las dos epístolas fueron enviadas a dos diferentes ciudades.[109]

No, «X» ≠ a Roma.

Sin embargo, Hebreos era conocido y apreciado en Roma; el autor era estimado en esa ciudad; y copias fueron puestas en circulación de allí. Sin cambiar la ecuación, todo esto es insinuante de la *ciudad de origen*. Como corresponde, nuestra siguiente vigilancia será en Roma.

«X» sí es «Efeso»

Mientras, nuestra vigilancia en Efeso ha comprobado ser muy efectiva. Todo lo que sabemos de la iglesia del autor concuerda con lo que sabemos de Efeso: su gente, sus preocupaciones, su historial espiritual. No tenemos problemas con indicaciones en conflicto, ni confundidos por información faltante. Tan copiosa es la evidencia, nos lleva tan irrevocablemente nos lleva a una sola ciudad, que ya no estamos en duda. El destino de Hebreos fue Efeso. Una verdad que limita su autoría al liderazgo de la iglesia de los efesios. Mientras el campo se estrecha, el caso para Priscila gana empuje.

Notas al Capítulo Siete

1. Wikenhauser, op. cit., p. 466, 467.

2. Millar Burrows, *The Dead Sea Scrolls* (New York: The Viking Press, 1955, reimprimido por Gramercy Publishing Co., NY en acuerdo con Viking Penguin, 1986), p. 329.

3. Efesios, I y II a los Corintios y Timoteo a sus discípulos en Efeso. Raymond E. Brown, «The Qumran Scrolls and the Johannine Gospel and Epistles», *The Scrolls and the New Testament*. Ed. Krister Stendahl. (New York: Harper & Bros., Publishers, 1957), p. 290, note 117.

4. Pablo se dirigió a los gentiles convertidos en su Epístola a los Efesios, la cual es una carta que fue distribuida a varias comunidades asiáticas. (Wikenhauser, p. 423ff.) No hablaré de Efesios, pues no rinde ninguna información relevante.

5. Wikenhauser, p. 463.

6. En 1884 H. von Soden expuso este punto de vista. Juelicher, Harnack, Wrede, F. Barth, A. Seeberg, Windisch, Michaelis, Oepke, Moffat, E.F. Scott, Dubarle, Schierse y Wikenhauser (escribiendo en 1956) concordaron. Ibid.

7. Kosmala hizo este descubrimiento en «Hebraer, Essener, Christen» (Leiden, 1959). Presenta la discusión más comprensiva de la relaciones. Barth, op. cit. P. 265, nota 11.

8. Según Braun. Vea Raymond E. Brown, op. cit, p. 290, nota 111.

9. Ibid. Vea C. Spicq, «L'Epitre aux Hebreux», Vol. I, p. 109-138.

10. John Wick Bowman, The Letter to the Hebrews, The Layman's Bible Commentary, Vol. 24 (Richmond: John Knox Press, 1962), p. 12.

11. Daniélou, op. cit., p. 112.

12. Edward M. Cook, *Solving the Mysteries of the Dead Sea Scrolls* (Grand Rapids, Michigan: Zondervan Publishing House, 1994), p. 86.

13. Ibid., p. 88.

14. James C. Vanderkam, «Implications for the History of Judaism and Christianity, *The Dead Sea Scrolls After Forty Years*» (Wash., DC: Biblical Archeology Society, Symposium at the Smithsonian Institution Oct. 27, 1990, c. 1991, 1992), p. 21, 26.

15. Bowman, op. cit., p. 13. y Allegro, op. cit., p. 101.

16. Bowman, p. 13. Encuentro estas alusiones en Heb. 7:22; 8:6, 7, 8, 9, 10, 13; 9:15; 10:9, 16, 20, 29; 12:24 y 13:20.

17. Burrows, op. cit., p. 337.

18. Ibid., p. 371.

19. Ibid., p. 365.

20. Burrows, p. 385.

21. Bowman, op. cit., p. 14, 15.

22. *Peloubet's Bible Dictionary*, ed. F.N. Peloubet and Alice D. Adams (Phil.: Universal Book and Bible House, c. 1947 by The John C. Winston Co. in Great Britain), p. 59. Vea Lev. Cap. 16.

23. Bowman, p. 14, 15.

24. H. Brownlee, «John the Baptist in the New Light of Ancient Scrolls», *The Scrolls and the New Testament*, p. 37.

25. Brownlee, op. cit., p. 37.

26. Ibid., p. 38.

27. Burrows, p. 374, 375.

28. Ibid., p. 363.

29. Ibid., p. 350.

30. Ibid., p. 261.

31. Ibid., vea Salmo el de Gratitud VI (iii. 19-36), Burrows, p. 404, 407.

32. Burrows, p. 337.

33. Allegro, op. cit., p. 132.

34. Ibid.

35. Burrows, p. 374.
36. Allegro, p. 132.
37. Ibid.
38. Burrows, p. 374.
39. Bowman, p. 12.
40. *Peake's Commentary on the Bible,* p. 859.
41. Daniélou, op. cit., p. 94.
42. Karl Georg Kuhn, «The Two Messiahs of Aaron and Israel», *The Scrolls and the New Testament,* p. 64 and Vanderkam, op. cit., p. 36.
43. Burrows, p. 264, 265.
44. *The Holy Bible, New Encyclopedic Reference Edition,* p. 1118. Vea también Burrows, p. 264, 265 and Daniélou, p. 113.
45. El Manual de Disciplina (Documento de Qumrán (1QS ix) y el Documento de Dos Columnas (1QSa ii, 12-17), Kuhn, op cit., p. 55. Vea también Shemaryahu Talmon, «Waiting for the Messiah: The Spiritual Universe of the Qumrán Covenanters», *Judaisms and Their Messiahs at the Turn of the Christian Era* (Cambridge: Cambridge University Press, 1987) p. 122, 123.
46. Ibid.
47. Allegro, p. 151, 152.
48. Ibid.
49. Ibid. p. 154.
50. Bowman, p.14.
51. Daniélou, p. 113 y Allegro, p. 153, 154.
52. *The Holy Bible, New Encyclopedic Reference Edition,* p. 1118.
53. *Peake's Commentary on the Bible,* p. 578.
54. Bowman, p. 14.
55. Michael O. Wise and James D. Tabor, «The Messiah at Qumrán», *Biblical Archaeology Review* Vol. 18 No. 6, Nov/Dec 1992, 60-65.

56. Cook, op. cit., p. 166, 167. Tomado del libro, *Solving the Mysteries of the Dead Sea Scrolls* by Edward M. Cook. Copyright © 1994 by Edward M. Cook. Usado con el permiso de Zondervan Publishing House.

57. Buchanan, op. cit., p. 99. Vea Attridge op. cit., p. 192-194.

58. Buchanan, p. 99, 100.

59. Lane, *Word Biblical Commentary* Vol. 47A, p. 161.

60. L. MacNeil, *The Christology of the Epistle to the Hebrews* (Chicago: Chicago University, 1914), p. 366.

61. Charles R. Erdman, *The Epistle to the Hebrews* (Phil.: The Westminster Press, 1934), p. 13.

62. William Barclay, *The Letter to the Hebrews (The Daily Study Bible)* (Phil.: The Westminster Press, 1955), p. xix.

63. Peter Bamm, *Early Sites of Christianity* tr., Stanley Goodman (New York: Pantheon Books, 1957), p. 110, 111.

64. Henri Daniel-Rops, *The Church of Apostles and Martyrs* (London: J.M. Dent & Sons, Ltd., and NY: E.P. Dutton & Co.,) p. 106.

65. Eusebius, p. 128.

66. Daniel-Rops, op. cit. p. 75; Wikenhauser, p. 319 and *Peake's Commentary on the Bible,* p. 773.

67. Bamm, op. cit., p. 261.

68. Eusebius, p. 150.

69. Daniel-Rops, p. 342.

70. Ibid.

71. Eusebius, p. 89.

72. Philip Carrington, *The Early Christian Church: Vol. I The First Christian Century* (NY: and London: The Syndics of the Cambridge University Press, 1957), p.313. Carrington añade que el Evangelio de Marcos parece haber sido conocido en Egipto.

73. Wikenhauser, p. 163, citando a Eusebio, (H.E. II 16.1).

74. *Peloubet's Bible Dictionary,* p. 386.

75. Ibid., p. 385, 386.

76. Bowman, p. 90.

77. Eusebius, p. 225.

78. Es posible que Ignacio escribió la epístola en los finales del primer siglo. Murió en c. 110 D.C. *The Epistles of Rome and Saint Ignatius of Antioch,* tr. James A. Kleist (Maryland: The Newman Bookshop, 1946), p. 65.

79. *Harper's Bible Dictionary,* p. 490.

80. *Peloubet's Bible Dictionary,* p. 449.

81. Ibid., p. 556 and Wikenhauser, p. 554.

82. Wikenhauser, p. 54.

83. Ibid.

84. Eusebius, p. 72, citando a Clemente de Alejandría.

85. Daniel-Rops, p. 45, 46 and Eusebius, p. 102.

86. Segu'n el Obispo Lightfoot. Ramsay, *The Church in the Roman Empire,* p. 171, 172.

87. *Harper's Bible Dictionary,* p. 62.

88. Hertling, op. cit., p. 6.

89. Ibid.

90. Ibid., p. 22.

91. Maitland, op. cit., p. 50.

92. Hertling, p. 6.

93. Ibid., p. 197.

94. Barclay, op. cit., p. 56.

95. Carrington, op. cit., p. 140.

96. Eusebius, p. 187.

97. Ibid., p. 188.

98. Ramsay, *The Church in the Roman Empire,* p. 318, 319

99. Eusebius, p. 145.

100. Ramsay, p. 318.

101. Carrington, p. 313.

102. Daniélou, p. 114.

103. Daniel-Rops, p. 288, 289.

104. «Essenes», *The Oxford Dictionary of the Christian Church,* Second Edition, ed. F.L. Cross and E.A. Livingstone (New York: Oxford University Press, 1974, reprinted 1993), p. 471. También Josefo, *Antigüedades,* 18:21.

105. *Harper's Bible Dictionary,* p. 13.

106. Peake, *A Critical Introduction to the New Testament,* p. 73.

107. Ibid.

108. Vea George Macrae, S.J., «Messiah and Gospel», *Judaisms and Their Messiahs at the Turn of the Christian Era* (Cambridge: Cambridge University Press, 1987) p. 169-185.

109. Lee Anna Star, *The Bible Status of Women* (c. 1926 por Lee Anna Star y reimprimido en 1955 por Pillar of Fire, Zarephath, N.J.), p. 193, 194.

Capítulo Ocho

Matasellos: Roma

Si la Epístola a los Hebreos fuera puesta en un sobre, la dirección posiblemente sería escrita:

> *A Los Hebreos*
> *La Iglesia en Efeso*
> *Efeso, Provincia de Asia*

El matasellos sería:

> *Roma, Italia*
> *65 D.C.*

Así como Harnack, el Profesor Andrews, y muchos de sus colegas han razonado que Roma fue el destino de Hebreos.[1] Revisemos sus argumentos. En general, tienen tres razones. Primero, Roma era como la Iglesia X, descrita en Hebreos, en caridad, proveyendo para los cristianos necesitados. Eso sí es verdad, pero como ya hemos visto, los cristianos en Roma, muriendo por su fe en la interminable persecución de Nerón, no pueden haber sido las mismas personas que aún no habían derramado su sangre (Heb. 12:4). Aun si la Epístola hubiera sido escrita antes de 64 D.C., cuando todo esto empezó, nos encontramos con otra objeción. La Iglesia X había decaído en la apatía, poniendo sus almas en peligro. Al contrario, la iglesia de Roma, como Pablo escribió en 58 D.C.,[2] fue un modelo inspirante de fe por todo el mundo antiguo (Rom. 1:8; 16:19).

Un segundo argumento para Roma es el hecho de que Hebreos era conocido allí muy temprano. Clemente con toda libertad citó de la carta en 96 D.C., mostrando que era muy respetada. Aquí encontramos una línea de razonamiento que puede caminar por los dos lados. Si la carta *se originó* en Roma, con una copia quedándose en la ciudad, tenemos una explicación igualmente factible para mostrar su temprana fama allí.

Un tercer argumento para (destino) Roma, uno que es comúnmente expuesto, se encuentra en la posdata. Finalizando, el autor escribe: «Los de Italia os saludan» (Heb. 13:24). El saludo viene de cristianos italianos, aunque la palabra «cristianos» no es usada, ni tampoco la palabra «hermanos». Ambas palabras claramente se dan a entender.

Una región geográfica es específicamente mencionada. Esto nos puede *llevar a* o *traer de* Italia. El profesor Andrews no está solo en su opinión de que Hebreos fue enviado a Roma con saludos de un grupo de paisanos Italianos.[3] *Si es que* él tuvo razón, «los de Italia» estaban en la misma ciudad que la del autor, en algún lugar fuera de Italia.

Westcott piensa que la frase se refiere a Italianos viviendo en un país extranjero, admitiendo que de igual manera pudiera referirse a italianos en Italia.[4] Viendo que las traducciones en inglés varían, debemos ver las palabras griegas:

Οἱ ἀπὸ τῆς Ἰταλίας

Aquellos (quienes están) en Italia

de Italia

fuera de Italia

La preposición ἀπὸ es usada en exactamente la misma manera en otra parte del Nuevo Testamento: οἱ ἀπὸ τῆς Θεσσαλονίκης traducido: «Los de Tesalónica» (Hechos 17:13), refiriéndose en contexto a los judíos de Tesalónica en su propia ciudad. Aquí encontramos justificación para traducir Heb. 13:24, «Los que son de (y están en) Italia». Lane no cita Hechos 17:13; sólo Hechos 18:2, refiriéndose a Priscila y Aquila, expatriados en Corinto.[5] Pero Hechos 18:2 no es tan comparable, puesto que la frase allí es «venido de Italia», no «Los de Italia».

Descubrimientos de antiguos fragmentos de papiros y cartas apoyan la opinión de que «Los de cualquier ciudad» se refiere a gente en y no fuera de la ciudad.

W.D. Gardiner, escribiendo en *The Expositor (El Expositor)* (1917), dice que la palabra griega «ἀπὸ» significando «de», o «desde», o «fuera de», era prácticamente igual a la preposición «en» a lo largo de los papiros descubiertos. Los resultados de censos y recibos de impuestos frecuentemente usaron la terminología, «los de cierta ciudad» (Oxyrynchus papyri #171, 157, 158 etc.). El gobierno quiere saber *dónde están sus contribuyentes*, no de donde vinieron. No hay ninguna evidencia en el papiro de que el modo de registración Palestino era predominante en todo el Imperio Romano. Al contrario, es obvio que se tomaba mucho cuidado en averiguar el estatus residencial presente puesto que notificación inmediata de alejamiento era exigido (Oxyrynchus papyri #251, 252, 253 etc.).

Gardiner afirma:

«Nuestra conclusión es que ningún habitante del mundo Mediterráneo de los primeros tres siglos de nuestra era, encontrándose con la Epístola a los Hebreos, y tendiendo ninguna razón para tomar sus frases en alguna forma especial, llegarían a cualquier otra razón, después de leer el capítulo 13:24, además de que la Epístola llevaba saludos de ciertos cristianos residentes de Italia.»

Consideremos además, la traducción «aquellos que están lejos de Italia» compone un problema. ¿Por qué debiera el autor, (según esto) escribiendo a Roma, enviar saludos solamente de parte de cristianos italianos expatriados, y no de parte de todos los cristianos en su ciudad? Algunos eruditos han intentado contestar esta objeción al decir «los de Italia» son cristianos judíos que fueron expulsados de Roma cerca de 50 D.C., quienes se juntaron en la ciudad donde el autor habitaba. Pero sabemos que muchos judíos regresaron a Roma cuando Claudio murió en 54 D.C. Es inverosímil pensar que los que no regresaron permanecieron con el autor, y luego creer que el autor enviaría saludos de parte de este grupo tan pequeño y no de todos.

Existe información intrigante sobre el lugar de origen de Hebreos — para ser comparada a otra evidencia. Un subscrito encontrado en Codex Alexandrinus («A») del quinto siglo dice que la carta fue «escrita desde Roma.» El Codex Euthalianus («H») del sexto siglo contiene «escrito desde Italia», usando la frase «ἀπὸ τῆς Ἰταλίας», mostrando que la frase «fue interpretada por ciertos círculos como un saludo dentro de Italia.»[6] Varios otros manuscritos contienen subscritos mencionando a Roma, Italia, o en un caso, Atenas.[7]

«Los de Italia» son muy probablemente cristianos en Italia. Italia, por supuesto, denota Roma, así como la denota en Hechos 18:2. Lógicamente sólo de Roma, un centro eclesiástico, se enviarían saludos.

Fecha de escritura

Entrelazada en nuestra línea de razonamiento está la fecha de escritura. Ya sabemos que Hebreos fue escrito en tiempos apostólicos. La presencia de hombres y mujeres quienes habían visto a Jesús, y el conocimiento de primera que el autor tenía de la iglesia incipiente (Heb. 10:32-34) necesitan una fecha cercana a la iglesia primitiva. También «señales y prodigios» (Heb. 2:4). Sólo la primera o segunda generación de creyentes bastara.

Aunque las fechas sugeridas corren la gama desde 58 a 110 D.C., un máximo límite es puesto por el uso de la epístola en la carta de Clemente escrita en 95 o 96. Timoteo, el único viviente mencionado por nombre no puede ser colocado convencidamente en el segundo siglo.

Yo concuerdo con el consenso en marcar el matasellos como 65-66 D.C.[8] Las personas informadas han discernido por mucho tiempo ya lo que es obvio: Hebreos fue diseñado para prevenir la apostasía. Se les mostró a los cristianos judíos que el antiguo pacto, lleno de esperanza para el futuro, se ha cumplido en el nuevo. Sacrificios infructuosos de los sacerdotes han dado lugar al perfecto, una-vez-y-para-siempre sacrificio de Cristo. La adoración en el templo, con sus imperfecciones inevitables, ha culminado en una adoración mediada por el Salvador. Por deducción razonable, la fecha tendrá que ser antes de 70 D.C., cuando el templo fue destruido. ¿Hubiera otra razón por la cual el autor dejó de mencionar su destrucción? ¿Por qué implicar su continua operación (Heb. 10:11)?

O considere el texto griego de Heb. 7:8: «Y aquí reciben los diezmos hombres mortales (muriendo); pero allí, uno de quien se da testimonio de que vive.» Morris y Burdick comentan: «Los tensos presentes de ambos morir y recibir emparejados

con el ‹aquí› al principio pueden indicar que el sistema del
templo aún estaba en operación al momento en el cual las
palabras fueron escritas. Y así apoyan una fecha antes de 70
D.C. para la escritura de la epístola[9]»

Cuando por destino una roca quebró una jarra de barro en
una cueva, en 1947, trayendo nueva verdad a la luz, aprendi-
mos algo nuevo sobre la Epístola a los Hebreos. Los Rollos del
Mar Muerto revelaron un diálogo con la doctrina de Qumrán,
como ya hemos visto en detalle. Qumrán fue destruida en
68-69 D.C.,[10] antes de que cayera el templo. *Por el mismo razonamiento, que pone la fecha de la Epístola a antes de 70 D.C.,
ahora le ponemos una fecha antes de 68-69 D.C.* Bowman atrasa
la fecha aún más, a un período cuando la secta de Qumrán
era un rival viable al cristianismo. Esto es, antes de que empe-
zara la guerra judía — romana (66-70 D.C.).[11] Concordando
con Bowman, yo postulo una fecha antes de 66 D.C. para la
escritura de Hebreos.

La semejanza asombrante de Hebreos al discurso de Esteban en el séptimo capítulo de Hechos incita a muchos eruditos
modernos a poner la fecha muy temprana. El sermón de Esteban es claramente expuesto dentro del contexto de Qumrán,
como previamente mencionado. Por ejemplo, cita un texto
no muy común del libro antiguo testamentario Amos (Amos
5:26):

Antes bien llevasteis el tabernáculo de Moloc, Y la estrella
de vuestro dios Renfán, Figuras que os hicisteis para ado-
rarlas. Os transportaré, pues, más allá de Babilonia.

(Hechos 7:43)

Este texto es usado en el Documento de Damasco (VI,
14-15).[12] Daniélou piensa que se refiere al maestro esenio
de justicia en Hechos 7:52.[13] Además, Esteban citó del texto

Samaritano del Pentateuco, una recensión usada por la Secta.[14]

Vea como Esteban y el autor usan los mismos argumentos en la siguiente tabla, la cual está basada en el análisis de Bowman:[15]

Como Dios se revela a sí mismo

Según Esteban (Hechos 7:2-53)	Según Hebreos
1. La Revelación de Dios trasciende fronteras nacionales (Hechos 7:2, 9, 30-31, 36, 38)	1. Jesús es el salvador universal para que por la gracia de Dios el venga a probar la muerte por todos (Heb. 2:5, 18)
2. La revelación de Dios es independiente de la cultura (Hechos 7:17-22, 23-29)	2. Melquisedec, quien no era judío, fue de bendición a Abraham y sus descendientes (Heb. 7:4-10)
3. La revelación de Dios no está atada al Templo o el Tabernáculo (Hechos 7:44-50)	3. Fe es independiente de la ciudad de Jerusalén (Heb. 11:10, 14-16, 23-31; 13:12-14)
4. La revelación de Dios no está confinada al pueblo judío, pues rechazaron sus profetas (Hechos 7:25-26, 35-36, 51-53)	4. Israel persiguió a los profetas y rechazo el mensaje de Dios (Heb. 3:17-19, capítulo 11)

De estas identidades podemos lógicamente asumir, así como muchos eruditos asumen, que Hebreos no está muy lejos en tiempo del discurso de Esteban en los primeros años de la iglesia. Pero el tiempo había pasado. Unas iglesias habían sido fundadas en ciudades fuera de Palestina. En la ciudad del autor, los cristianos tenían ya un segundo grupo de líderes. Su fe, aunque al principio entusiasta, empezaba a titubear. En Efeso, la iglesia había sido fundada temprano en los años 50. Por lo menos diez a quince años tenían que pasar para realizar estas condiciones.

Estamos en Roma. Es el año 65 D.C.

Como viajeros del tiempo, continuamos nuestra vigilancia desde un mirador seguro. En nuestra vista, sin embargo, vemos peligro para los cristianos, quienes fueron acusados del incendio de 64 D.C. por Nerón.

¿Por qué estaba Priscila en Roma?

Tesis:
Priscila escribió a los cristianos hebreos de Efeso, desde Roma, muy probablemente en el año 65 D.C.

Pregunta:
¿Que hacía Priscila en Roma, en plena persecución ejecutada por Nerón?

Misión:
Trazar los eventos que impulsaron el escribir la Epístola a los Hebreos.

Usando toda información específica que tenemos, intentemos reconstruir las circunstancias. Ahora ha llegado el tiempo de recordar las pistas de la posdata:

* Timoteo y el autor están fuera del local donde realizan su ministerio y hacen planes de regresar tan pronto como puedan.

* Timoteo está en un lugar donde su libertad ha sido limitada por custodia o encarcelamiento.

* El autor, en el mismo local que Timoteo o cerca de allí, tiene libertad de viajar.

Por favor examine la segunda carta de Pablo a Timoteo. En este documento aclaratorio, Pablo está en una prisión romana. Hace algunos años, estaba bajo detención domiciliaria pero esta vez lo están tratando muy severamente. Escribiendo a Timoteo quien está en Efeso, le pide que venga a Roma lo más pronto posible (II Tim. 4:9), antes del invierno si fuera posible (II Tim. 4:21). «Tráete a Marcos y el capote, los libros y los pergaminos que dejé en Troas» (II Tim. 4:11-13), Pablo pide. Recordando a sus amigos Priscila y Aquila quienes están con Timoteo en Efeso, les manda saludos (II Tim. 4:19). Le envía saludos de parte de Pudente quien probablemente es su pariente (II Tim. 4:21). Finalmente, la carta llega a Timoteo, quien la lee con sumo interés. Luego Priscila y Aquila, quienes en otro tiempo habían arriesgado sus vidas para rescatar a Pablo, leen la carta. Piensan en su sufrimiento y en el peligro que se encuentra. Timoteo parte hacia Roma. *Priscila y Aquila van con él.*

La amistad fue una parte decisiva en su decisión en ir. H.V. Morton representa el cariño de Pablo hacia sus dos colegas.[16] El trío tenía mucho en común: su fe cristiana y — en el caso de Aquila — su trasfondo judío; el oficio de hacer tiendas en el cual eran colegas. Ya mencionamos el hipótesis de Culver de que Priscila copió y distribuyó las cartas de Pablo. Ciertamente el autor de Hebreos estaba relacionado con los escritos de Pablo, y muy a favor de sus enseñanzas, aunque demostrando gran originalidad.[17]

Esto nos lleva a otro asunto que requiere nuestra atención

y razonamiento. Las convergencias entre las cartas de Pablo y la Epístola a los Hebreos son excepcionalmente numerosas, creando la especulación de una «relación literaria», (esto es, que un autor estaba copiando a otro). Un ejemplo, entre tantos: Pablo leyó Hebreos antes de escribir I a los Corintios, según un autor — o (más probablemente) Hebreos resuena con ecos de I a los Corintios, de acuerdo a otros.[18] Estas semejanzas, sólo en I a los Corintios, fluctúan desde doctrina (compare I Cor. 8:6 con Heb. 1:2) a conjunto de imágenes (compare I Cor. 9:24-28 con Heb. 12:1 y I Cor. 3:2 con Heb. 5:12) hasta el uso de escrituras del Antiguo Testamento, especialmente el Salmo 8, (compare I Cor. 15:27 con Heb. 2:6-9).

¿Por qué es que un autor genial, con pensamientos independientes, tal como el de Hebreos, repitiera tantas ideas de Pablo y hasta un poco de sus imágenes? A no ser que estas ideas e imágenes fueron resueltas mediante muchas horas de conversación y compañerismo. Seguramente Priscila, quien extendió hospitalidad a Pablo en Corinto y posiblemente en Efeso, tuvo amplia oportunidad para tener largas discusiones con él.

Otro lazo existió entre Priscila y Pablo, concretando su amistad basada sobre su fe cristiana. Así como Priscila venía de una familia ilustra de Roma, se cree que Pablo era de una familia principal de Tarso.[19] La familia de Pablo tenía riqueza e influencia. Su comparable estatus social hacía de su amistad con Priscila aun más simpática.

El estatus aristocrático es una inferencia necesaria de la ciudadanía romana. La primera población judía en Tarso empezó en 171 a.C. Antiocus le dio ciudadanía a las más viejas familias pioneras.[20] Más tarde, Pompey, Julio César, Antonino y Augusto le dieron ciudadanía a personas de eminencia, quienes podían comprarla.[21] Una situación especial sucedió en Tarso, en más o menos 15 a.C.; Atenodoro, a todos los que no podían proveer la calificación de propiedad, les negó la ciudadanía Tarsa.[22] De entre los que permanecieron en la lista, sólo un círculo íntimo tenía también la ciudadanía romana. Estas familias distinguidas fueron la aristocracia gobernante.[23]

Priscila tuvo una razón muy buena en ir a Roma. Su pariente, Acilius Glabrio, era cónsul en 54 D.C.[24] Varios otros Acilianos eran senadores o cónsules en el primer siglo. Los cónsules tenían la autoridad para liberar a los encarcelados y los esclavos.[25] Si alguien pudiera ayudar a Pablo por medio de alto puesto o influencia, la familia de Priscila fuera quien viniera a ayudarle. En todo caso, ella conocía las implicaciones amenazantes de su encarcelamiento. Un incendio en el 19 de julio del 64 lo había empezado todo,[26] ni tampoco estaba Pablo solo en las «represalias» que resultaron a causa de la ira de Nerón. Quería ver a su amigo que estaba cerca del martirio.

Podemos ver a Priscila en su ciudad nativa—visitando a Pablo en la prisión, reunida con Pudente y sus parientes, entristecida por el sufrimiento de los cristianos romanos, no obstante, pensando en su congregación en Efeso donde un peligro sutil acecha en la forma de apatía y apostasía. La vemos reunir su conocimiento de escritura y su discernimiento en los pensamientos de su gente, amonestándolos con fraseología tan elegante y conmovedora. Aludió a las pruebas feroces sufridas por los cristianos en Roma, por recordarle a los efesios de que aún no habían tenido que morir por su fe (Heb. 12:4).

La misma Priscila era libre para regresar, su estatus aristócrata habiéndola mantenido fuera de la prisión, por lo menos hasta este momento. A Timoteo lo habían detenido, pero estaba a punto de salir y regresar a Efeso (Heb. 13:23). Él se convertiría en su primer obispo, y terminaría sus días allí.[27]

Priscila y Aquila regresaron con él, pero eventualmente

regresaron a Roma. Pablo y Pedro fueron ejecutados en ca. 67
D.C., marcando el fin de su trabajo para Cristo en el mundo.
Los amigos de Pablo lo sobrevivieron, pero el tiempo traía su
fe y labor al mismo final. Una tradición pone su martirio en
Asia Menor, otra en Roma, pero sabemos que fueron enterrados en Roma.[28] El lugar de su entierro es mencionado en
todos los itinerarios del séptimo siglo a las tumbas de los
mártires romanos.[29]

¿Pero Timoteo es auténtico?

Habiendo aludido a la segunda carta a Timoteo, estamos
conscientes del hecho de que las Epístolas Pastorales (Tito y
I y II a Timoteo) han estado sitiado. Los críticos disputan su
autenticidad. De las tres cartas, II a Timoteo es la que menos
se disputa, y todos los críticos encuentran genuinas notas y
párrafos Paulinas.[30] Las referencias personales abundan en
el primer y el cuarto capítulo de la segunda carta de Pablo
a Timoteo. Parecen ser verdad como palabras genuinas de
Pablo. Barclay acepta todo II a Timoteo, capítulo 4 basándose
en que solamente Pablo lo pudiera haber escrito.[31]

Walter Lock piensa que II a Timoteo contiene dos o quizás
tres cartas combinadas. Discierne una carta general escrita
desde Roma durante un segundo encarcelamiento, y una
carta privada (II Tim. 4:9-12).[32] La carta privada, dice Lock,
fue escrita durante su primer (Hechos 28) o segundo encarcelamiento, más o menos en 64 d.c.[33]

¿Por qué pesó Lock la posibilidad de una fecha más temprana? El comentario ambiguo hecho por Pablo sobre una
primera defensa y de que fue «librado de la boca del león»[34]
lo hizo pensar que Pablo estaba escribiendo al final de su
detención domiciliaria en Roma. La opinión de Lock no es

necesaria. Por lo menos un comentarista piensa que Pablo simplemente recordaba un incidente pasado, expresando esperanza por una «liberación similar» a pesar de su circunstancia tan grave.[35]

Pablo tenía que haber escrito durante un segundo encarcelamiento. Cierta información no concuerda con una fecha más temprana:

1. Una breve mirada a Hechos, capítulo 28 pone a Pablo en su propio hogar, bajo guardia, predicando y enseñando a veintenas de personas libremente y con satisfacción. Esa fue la naturaleza del *primer* encarcelamiento. En II Tim. 4:11, sólo Lucas está con el y Pablo está deprimido.

2. Otra mirada a Hechos (20:5, 6) nos informa que la última vez que Pablo visitó a Troas fue cinco años antes de su primer encarcelamiento, como revela Wikenhauser. Si II Tim. 4:13 fue escrito entonces, ¡los libros y el capote de Pablo estuvieron en casa de Carpo por cinco años![36] Si Pablo fue liberado y luego visitó Troas, como la tradición nos dice, entonces su petición a Timoteo vino en su segundo encarcelamiento.

3. Ahora veamos una tercera vez en Hechos (21:29). Trófimo está con Pablo en Jerusalén. Pero en II Tim. 4:20, ¡Pablo lo dejó enfermo en Mileto![37] Es obvio entonces que tendremos que poner una fecha al cuarto capítulo de II Timoteo — todo el capítulo — en su posterior encarcelamiento, en 64 o 65 D.C. Su carta a Timoteo llega al preciso momento para causar la presencia de Priscila en Roma en el año 65. Teniendo los medios, motivo y oportunidad, allí escribió la Epístola a los Hebreos.

Este es el escenario.

Antes de finalizar nuestra vigilancia en Roma, una incursión más a la escritura.

Suena una nota en Hebreos, resonando con anhelo por una tierra lejana. En el capítulo 11, Abraham sale en fe y llega a un lugar temporal, sólo para habitar «como en tierra ajena.» El tema es extendido para incluir a sus descendientes innumerables, «extranjeros y peregrinos en la tierra...», buscando una patria que nunca será encontrada en la tierra (Heb. 11:13-16). Su verdadero hogar en el cielo sólo puede ser visto y aclamada de lejos.

No sólo ellos, pero todos los creyentes, sufren un sentimiento de distanciamiento al habita esta tierra. «Porque no tenemos aquí ciudad permanente», y la ciudad que buscamos sólo puede ser vista de lejos (Heb. 13:14).

El destino de Abraham estaba ligado a la geografía, un lugar en específico: en Hebreos, la tierra prometida es trascendente, más allá de nuestro alcance inmediato. ¿Hay algo más que leer dentro de estas líneas — un anhelo nostálgico de su hogar, en el corazón de un exilado? ¿Pudiera ser que el espiritualizar de la búsqueda de Abraham por una ciudad de una esfera terrenal a una celestial, fuera formado por la experiencia personal?

Si así es, el proceso concuerda con lo que sabemos de Priscila. Expulsada de Roma por el edicto de Claudio, empezando de nuevo en el ambiente bullicioso de Corinto, y otra vez en Efeso, aun más lejos, Priscila tenía amplia causa para estar nostálgica.

En el Nuevo Testamento, sólo Hebreos y I de Pedro 1-2 usan esta clase de imágenes para describir la vida de la comunidad cristiana.[38]

Otra vez, Hebreos es único en toda la escritura. Tomando de la literatura griega, y posiblemente de la experiencia del viaje marítimo, el autor describe la esperanza, eso es, la esperanza que tenemos en Cristo, como el ancla del alma (Heb. 6:19). En el mundo antiguo, barcos sostenidos por los dientes del ancla eran la fuente de una metáfora para la estabilidad.[39]

Resulta una metáfora expandida, en la cual el ancla entra en un ambiente celestial. Kenneth Wuest comenta sobre esta imagen tan rica; el alma es una nave, trastornada en la tormenta de esta vida presente. La fe amarra el alma del creyente a ese refugio divino, escondido como las profundidades del mar.[40]

Aunque común en la literatura, no aparece la metáfora del ancla en ninguna otra parte de la escritura. Attridge nota que le hace falta una palabra para ancla en el hebreo bíblico. La palabra aparece en el Nuevo Testamento, pero no en un sentido simbólico (Hechos 27:29, 30, 40)[41]

Es interesante notar que el ancla, como símbolo cristiano, aparece no menos de sesenta veces en la Catacumba de Priscila.[42] ¿Puede uno especular que su inclusión única en Hebreos tuvo un significado particular para los parientes y amigos de Priscila?

Mientras la metáfora del ancla es evidentemente náutica, otras imágenes náuticas son «pintadas por implicación y no directamente», según James A. Robertson.[43] Las palabras como «mantengamos firme» o «acercándose» (como un barco que se aproxima a la tierra); «deslizar» (como de un trayecto); ser «llevado» (como en una corriente); «desechando» nuestra confianza (como si fuera un lastre); «vigilando» y «mirando de lejos» (como si para alcanzar una mirada de la playa); todas estas alusiones indirectas son muy comunes en la epístola.[44]

Dos verdades surgen de esta discusión: el autor está en su elemento en un ambiente de literatura griega, y probablemente ha viajado lejos de su hogar. Haciendo una conversión de un sentido de alejamiento y temporalidad, este individuo desarrolla una metáfora expandida que revela una naturaleza poética. Por medio de indirección y alusión, otras imágenes náuticas surgen. Nuestro autor es sutil, refinado, y elegante. Sí, uno pudiera hasta decir que es delicado y fastidioso. Mientras las personas cercas de Pablo, con la excepción de Priscila, pudieran concebiblemente cumplir con estos criterios, muchos no cumplen con todos los demás criterios y ciertas categorías de personas fueran excluidas por completo.

Terminamos nuestra vigilancia en Roma.

Resumen final y un boletín emitido a las autoridades buscando a Priscila

¿Para comenzar nuestra investigación de la autoría de Hebreos tuvimos que marchar más allá de la sirena de origen, «¿Quién escribió Hebreos? Sólo Dios lo sabe.» En nuestra caminata difícil, pasamos por temas fatigantes tales como «Sólo Pablo la pudiera haber escrito.» Fuimos rondados por entidades fantasmales, «de todos ellos, cualquiera lo pudiera haber escrito.»

A origen, juntamente con Schiele le decimos que nos hemos atareado con una buena línea de interrogación, de hecho «virtualmente tenemos una lista de nombres» en la cual aparece el autor, dentro del círculo de Pablo.

A William Leonard, quien caminó valientemente dentro de un número desfalleciente de personas a favor de la autoría Paulina, decimos, «Su razonamiento fue tangencial a la verdad, pues alguien muy cerca de Pablo fue el autor.»

Ahora me gustaría pedirle a Leonard que pase a testificar no a favor de Pablo sino como un testigo de sorpresa a favor de Priscila.

Éste es su testimonio textual:

«¿Entonces cómo pudiera tal hombre ser escondido, en las primeras edades de la iglesia, cuando la memoria de aquellos quienes eran muy distinguidos, ha sido preservada tan distintamente, y con tanto cuidado y reverencia, por la tradición eclesiástica? Hombres quienes pueden escribir de esta manera, no pueden ser escondidos en ningún lugar. Y el escritor de una epístola como tal, pareciera ser, que hubiera tenido una parte no menos evidente que la del mismo gran Apóstol a los Gentiles.»[45]

Bien dicho, y digno para exorcizar la hipotética persona desconocida fantasmal quien «pudiera haber sido el autor.» Si yo tuviera la oportunidad de interrogar al testigo, le haría dos preguntas:

Primero, ¿no intentaba decir, «como pudiera tal *persona* ser escondida» y «*cualquier persona* quien puede escribir de esta manera, no puede ser escondida»?

Y segundo, ¿«Nunca se le ha ocurrido hacerse la pregunta, *por qué* fue tal persona escondida»?

Si fuera posible, le invitaría que pasara a testificar Clemente de Roma, quien hizo bastante uso de la Epístola a los Hebreos y ni una sola vez aludió al autor. Le preguntaría, «¿En verdad ignorabas el nombre del autor? O, como implicó Arthur Peake, ¿simplemente no querías decir?»

Hemos regresado por completo a donde empezamos: ¿Por qué fue perdido el nombre del autor?

Mientras más pensamos en esto, más raro se nos hace. Sólo una solución satisfactoria se puede otorgar; el nombre «a propósito se perdió accidentalmente» porque Priscila fue el autor.

En esta búsqueda por un autor, nos estamos virtualmente

tropezando sobre Priscila. Ya no es factible fingir que no está allí.

Por ejemplo, si Martín Lutero estuviera bajo interrogación, le preguntaríamos: «¿Si Apolos pudiera haber sido el autor, por qué Priscila, su maestra, no pudiera haber sido el autor?» En sí, lo que es verdad para Apolos — su aprendizaje, su liderazgo preeminente — doblemente le aplica a Priscila puesto que ninguna de las objeciones a Apolos le aplica a ella.

Sin embargo, desde Lutero, nombrando a Apolos en 1537 a Harnack, nombrando a Priscila en 1900, pasaron 363 años.

Inexplicablemente, desde que Hebreos fue escrito en 65 a Harnack, pasaron 1835 años.

Por mucho tiempo el mundo no estaba de humor para aun considerar el caso por Priscila. La hipótesis de Harnack ganó una medida de apoyo, pero el apoyo fue vencido por el escarnio y eventualmente por la negligencia. Schiele, Harris, Tuker, Robertson, y Starr; todos ofrecieron razones convincentes para apoyar a Harnack, pero la autoría de Priscila todavía no ha sido impresionada vívidamente en la conciencia popular.

Hoy somos desafiados a escudriñar la evidencia a favor de Priscila. ¿Era una amiga cercana de Pablo? Sí. ¿Era instruida y culta como su alumno Apolos? Sí. ¿Enseñó Apolos sobre Jesús como Mesías, el tema principal de Hebreos, sólo después de haber sido instruido por Priscila? Si. ¿Tenía ella un ministerio en Efeso, el destino de la epístola? Sí. ¿Tenía conexiones en Roma, donde la carta fue conocida, copiada, y estimada y donde una liturgia única encubre a Melquisedec como sumo sacerdote, así como en la epístola? Sí.

¿Hemos encontrado ejemplo sobre ejemplo de puntos de vista femeninos en la epístola? ¿Y ejemplo sobre ejemplo de la inclusión de mujeres entre los héroes de fe? Sí.

Entre los del círculo de Pablo, de entre los líderes más destacados de la iglesia primitiva, ¿existe uno que cumpla con todas la calificaciones para la autoría? Podemos tomar a cada persona nombrada en la escritura, una por una, y mostrar como una o más de las calificaciones permanecen sin cumplirse. Para uno, la historia de conversión en Heb. 2:3 no concuerda, otro usa el texto Masorético en vez del Septuaginta; otro es comisionado como apóstol a los gentiles; otro es incapaz de expresarse y le hace falta la elocuencia; a otro le hace falta el refinamiento. A otros no podemos visualizar como personas a quienes les importen la educación y la relación entre padre e hijo.

Ahora llegamos al boletín emitido a las autoridades buscando al autor de la anónima hasta hoy Epístola a los Hebreos.

Tenemos una descripción del sospechoso, cuya eminencia, profesionalismo, y espiritualidad elocuente eran una fuerza empujante en la evangelización de centros de población grandes. Sabemos *donde* tenía un ministerio el autor (sobre el eje de Roma/Efeso, y Corinto, a donde fue enviada otra carta en nombre de Apolos). Sabemos con *quien* trabajó en cercana asociación — Pablo y Timoteo, y otro individuo, posiblemente un cónyuge (juzgando por el uso alternante de los pronombre «yo» y «nosotros»). Conocemos el *contenido* de la enseñanza del autor (la «doctrina de bautismos», (Heb. 6:2), y la prueba de escritura en que Jesús fue el Mesías). Sabemos de Hechos que Apolos, alumno de Priscila, necesitaba de instrucción en cuanto a los bautismos, y sabemos que después de la instrucción sistemática de ella, pudo forzosamente proclamar a Jesús como el Mesías profetizado por la escritura. De esta forma, Priscila es doblemente ligada al contenido de Hebreos.

Solamente Priscila está de pie en un campo de candidatos. Priscila — maestra letrada de Apolos, líder dedicada de congregaciones, evangelista famosa de la iglesia apostólica, y con su esposo Aquila, compañera íntima de Pablo. Es nuestro sospechoso principal, teniendo los medios, motivo y oportunidad:

Medios: Tenía el trasfondo educacional necesario.

Motivo: Era una líder espiritual temporalmente separada de su rebaño, y preocupada por su desarrollo espiritual.

Oportunidad: Tenía un ministerio en Efeso, el destino de la carta, y conexiones en Roma, el punto de origen.

Priscila, no Pablo, cuya habla bruta no concuerda muy bien con la elocuencia e interpretación artística del autor de la carta.

Priscila, no Apolos, cuya elocuencia y conocimiento de escritura le prestan una espuria credibilidad a su reclamo. Puesto contra Pablo, vigilando territorio que lo pone lejos de la escena, el no puede ser el autor misterioso de Hebreos.

Priscila, no Bernabé, cuyo nombre no se hubiera perdido, y quien posiblemente ya había muerto antes de que la carta fuera escrita.

Priscila, no Felipe el Diacono ni Zenas el Abogado, ni algún otro «sospechoso» desgraciado en la formación, aprehendido por equivocación, con evidencia defectuosa, o capturado descuidadamente en una investigación.

Priscila, no una figura en las sombras huyendo de la atención, con tan poca influencia en la iglesia apostólica como para escapar el ser mencionado en la escritura.

Priscila, autora de la Epístola a los Hebreos.

Se le encarga al jurado

Evidencia convincente ha sido presentada; considérela bien.

Juntos, nos hemos sumergido en la escritura, arqueología, y una amplia variedad de documentos para extraer la verdad sobre un misterio antiguo. Concomitante al conocimiento es una mente que está abierta a la verdad.

Pese la evidencia, que es cumulativa, y considere la línea de razonamiento en su plenitud. Punto por punto la balanza se inclina hacia un lado; Priscila pesando más que los demás candidatos.

La balanza nos dice que la Epístola a los Hebreos debe ser atribuida a Priscila.

Siga adonde la evidencia nos guía por el camino. Esto se trata de la iglesia apostólica, y una mujer líder eminente en esa iglesia. Por lo tanto, es posible que el camino nos lleve a reconsiderar la edad apostólica como un estándar para el día de hoy.

En esos primeros años formativos, hombres y mujeres fundaron una nueva fe. Los dones del Espíritu Santo, manifestándose sin alguna parcialidad, operando sin impedimento, le dio poder la comunidad entera.

Esa visión de nuestra común humanidad, transformada por gracia, fue la gloria de la primera iglesia. Que nosotros podamos discernir la estrella que brilló tan fuerte para ellos, mientras parados estaban sobre el umbral de una nueva era espiritual.

Notas al Capítulo Ocho

1. H.T. Andrews, «Hebrews», *The Abingdon Bible Commentary*, p. 1298.

2. Wikenhauser, p. 405.

3. Andrews, op. cit., p. 1298.

4. Westcott, op. cit., p. xliii-xliv.

5. Lane, *Word Bible Commentary* Vol. 478, p. 571.

6. Lane, p. 571; also Attridge, p. 410 y *Interpreter's Dictionary of the Bible* Vol. 2, p. 573.

7. Raymond E. Brown, Fitzmeyer, and Murphy, ed., *Jerome Biblical Commentary* (Englewood Cliffs, NJ: Prentice-Hall, Inc., 1968), 403 por la mención de Atenas.

8. Spence-Jones, op. cit., p. 166.

9. Morris & Burdick, op. cit., p. 65.

10. Stendahl, op. cit., p. 213.

11. Bowman, op. cit., p. 15-16.

12. Daniélou, op. cit., p. 95.

13. Ibid.

14. Allegro, op. cit., p. 140.

15. Bowman, p.11.

16. Morton, op. cit., p. 348, 349, 355, 380, 471.

17. Bowman, p. 10.

18. Hurst, op. cit., p. 108-109; también Leonard, op. cit., p. 160-168.

19. Morton, p. 9.

20. Ramsay, *Cities of St. Paul*, p. 184.

21. Ibid., p. 195.

22. Ibid., p. 226.

23. Ibid., p. 227.

24. *Real-Encyclopadie der Classischen Altertumswissenschaft,* Vol. I, p. 254. (Vea la tabla genealógica p. 135 de este libro.)

25. Poland, op. cit., p. 299.

26. Spence-Jones, op. cit., p. 25.

27. *The Columbia Encyclopedia,* 3rd edition, p. 2140 y *Harper's Bible Dictionary,* p. 762.

28. Coulson, op. cit., p. 55; *The Catholic Encyclopedia,* Vol. 12, p. 428; y *The Book of Saints,* 5th ed., p. 78.

29. *The Catholic Encyclopedia,* Vol. 12, p. 428, citando a De Rossi, *Roma Sotteranea,* I, 176, 177.

30. *The Abingdon Bible Commentary,* p. 1274, 1275, 1285 y Ramsay, *The Bearing of Recent Discoveries and the Trustworthiness of the N.T.,* p. 414.

31. William Barclay, *The Letters to Timothy, Titus and Philemon.* (Phil.: The Westminster Press, 1961), p.16.

32. Walter Lock, *A Critical and Exegetical Commentary on the Pastoral Epistles (I and II Timothy and Titus).* International Critical Commentary. (New York: Charles Scribner's Sons, 1924), xxxii-xxxiii.

33. Ibid., p. 78.

34. II Tim. 4:16-17.

35. *The Abingdon Bible Commentary,* p. 1288.

36. Wikenhauser, p. 444.

37. Ibid.

38. Frank R. VanDevelder, *The Biblical Journey of Faith: The Road of the Sojourner* (Phil.: Fortress Press, 1988), p. 90.

39. Lane, *Word Biblical Commentary* Vol. 47A, p. 153.

40. Wuest, op. cit., p. 125.

41. Attridge, p. 183.

42. R. Kent Hughes, *Hebrews: An Anchor for the Soul* Vol. I (Wheaton, IL: Crossway Books, 1993), p. 178.

43. Robertson, op. cit., p. 159-160.

44. Algunos ejemplos son: Heb. 2:1; 3:6, 14; 4:14; 6:18; 7:19; 10:23, 35; 13:9.

45. Leonard, op. cit., p. 171.

BIBLIOGRAFÍA

Biblias, Léxicos, y Estudios de Formación de Palabras

The Holy Bible Revised Standard Version. New York: Thomas Nelson & Sons, 1952.

The Holy Bible, New Revised Standard Version. Nashville: Thomas Nelson Publishers, 1989.

Schonfield, Hugh J., tr. *The Authentic New Testament.* New York: The New American Library of World Literature, Inc., 1958.

The Interlinear Greek-English New Testament. The Nestle Greek Text con una traducción literal por el Reverendo Alfred Marshall y una porción textual the la versión autorizada de King James. Segunda Edición. Grand Rapids: Zondervan Publishing House, 1959.

Sir Lancelot C.L. Brenton, tr. *The Septuagint with Apocrypha: Greek and English.* Peabody, MA: Hendrickson Publishers, 1990. Originalmente publicada por Samuel Bagster & Sons, Ltd., London, 1851.

Arndt, William F. y Ginrich, F. Wilbur, tr. *A Greek-English Lexicon of the New Testament and Other Early Christian Literature.* Chicago: The University of Chicago Press, 1957.

Ellingsworth, Paul y Nida, Eugene A. A *Translator's Handbooks to The Letter to the Hebrews.* London, New York, Stuttgart: United Bible Societies, 1983.

Moulton, James H. y Milligan, George. *The Vocabulary of the Greek New Testament.* Grand Rapids: Eerdmans, 1952.

Souter, Alexander, tr. *Novum Testamentum Graece.* Great Britain: Oxonii E. tipografía por Clarendoniano, 1910.

Wuest, Kenneth S. *Hebrews in the Greek New Testament.* Grand Rapids: Wm. B. Eerdmans Publishing Company, 1947.

Diccionarios Bíblicos

Harper's Bible Dictionary. Madeleine S. Miller y J. Lane Miller. New York: Harper & Row, Publishers. 1ra ed., 1952, 2da ed., 1961.

The Interpreter's Dictionary of the Bible. New York: Abingdon Press, 1962.

Peloubet's Bible Dictionary. ed. F.N. Peloubet y Alice D. Adams. Phil.: Universal Book and Bible House, c. 1947 por The John C. Winston Co. en Gran Britania.

Comentarios

A Commentary on the Bible by various writers. ed., J.R. Dummelow. Primera impresion, 1908. New York: The Macmillan Co., 1960, 24ma publication.

The Abingdon Bible Commentary. Ed., Frederick Carl Eiselen, Edwin Lewis, y David G. Downey. New York: Abingdon-Cokesbury Press, 1929.

Attridge, Harold W., *The Epistle to the Hebrews: A Commentary on the Epistle to the Hebrews.* Helmut Koester, ed., *Hermeneia – A Critical and Historical Commentary on the Bible* Phil.: Fortress Press, 1989.

Barclay, William. *The Letter to the Hebrews.* (The Daily Study Bible) Phil.: The Westminster Press, 1961.

–, *The Letters to Timothy, Titus and Philemon.* Phil,: The Westminster Press, 1961.

Bowman, John Wick. «The Letter to the Hebrews», *The Layman's Bible Commentary,* Vol. 4. Richmond: John Knox Press, 1962.

Buchanan, George Wesley. *The Anchor Bible: To the Hebrews.* N.Y.: Doubleday, 1972.

Clarke, Adam. *Introduction to the Epistle of Paul the Apostle to the Hebrews,* 1810.

Dunn, James D.G. *Romans 9 – 16.* Word Biblical Commentary, Vol. 38. Dallas: Word Books, 1988.

Eerdman, Charles R. *The Epistle to the Hebrews.* Phil.: The Westminster Press, 1934.

The Expositor's Bible Commentary. Ed. Gaebelein, Frank E. «Hebrews James» por Leon Morris & Donald W. Burdick. Grand Rapids: Zondervan, 1996.

Matthew Henry's Commentary on the Whole Bible. Vol. VI, Acts to Revelation. New York: Flemming H. Revell Co., n.d.

L. D. Hurst, *The Epistle to the Hebrews: Its Background of Thought.* Cambridge, New York, Port Chester, Melbourne, Sydney: Cambridge University Press, 1990

The Interpreter's Bible in Twelve Volumes. Vol. XI, «The Epistle to the Hebrews», introd. y exegesis por Alexander C. Purdy; exposición por J. Harry Cotton. New York y Nashville: Abingdon Press, 1955.

Jerome Biblical Commentary. Raymond E. Brown, Fitzmeyer, y Murphy, ed. Englewood Cliffs, NJ: Prentice-Hall, Inc., 1968

Kittredge, Cynthia Briggs, «Hebrews», *Searching the Scriptures,* Vol. 2. New York: Crossroad, 1993-1994, p. 428-452.

Lane, William L. *Hebrews.* Word Biblical Commentary Vol. 47A, B. Dallas: Word Books, Publisher, 1991.

Lock, Walter, *A Critical and Exegetical Commentary on the Pastoral Epistles (I and II Timothy and Titus).* International Critical Commentary. New York: Charles Scribner's Sons, 1924.

Montefiore, Hugh. *A Commentary on the Epistle to the Hebrews.* New York: Harper & Row, Publishers, 1964.

Nairne, Alexander, ed. *The Epistle to the Hebrews with Introduction and Notes*. Cambridge: University Press, Cambridge, 1917, imprimido otra vez en 1957.

Nicoll, W. Robertson, ed. *The Expositor's Greek Testament*. Vol. IV, «The Epistle to the Hebrews» por Marcus Dods. London: Hodder & Stoughton Limited, n.d.

Peake's Commentary on the Bible. Ed. Matthew Black. New Jersey: Thomas Nelson & Sons, Ltd., 1962.

Westcott, Brooke Foss. *The Epistle to the Hebrews: The Greek Text with notes and essays*. 1ra ed., 1889, 2da ed., 1892. Grand Rapids: Wm. B. Eerdmans Publishing Co. Esta edición es publicada por arreglos con Macmillan Co., 1955.

Libros Usados

Bettenson, Henry. Ed. *Documents of the Christian Church*. New York: Oxford University Press, 1947.

Eusebius. *The History of the Church from Christ to Constantine*. tr., B. A. Williamson. Baltimore: Penguin Books, 1965

Kleist, James A., tr. *The Epistles of Rome and St. Ignatius of Antioch*. Maryland: The Newman Bookshop, 1946.

Lightfoot, J. B., tr. y ed., terminado por Harmer, J. R. «The Epistle of S. Clement to the Corinthians», *The Apostolic Fathers*. Grand Rapids: Baker Book House, 1970.

The Library of Christian Classics. General Editors John Baillie, John T. McNeill, Henry P. VanDusen. Vol. I *Early Church Fathers*. tr. y ed. Cyril C. Richardson, Eugene R. Fairweather y Edward Rochie Hardy. Philadelphia: The Westminster Press, 1953. Vol. XXI *Luther: Early Theological Works*. ed. y tr., James Atkinson. Philadelphia: The Westminster Press y London: S. C. M. Press Ltd., 1962.

The Ante-Nicene Fathers, Vol. I. the Apostolic Fahters-Justin Martyr-Irenaeus. ed. Alexander Roberts y James Donaldson. (Grand Rapids: W. B. Eerdmans Publishing Co., 1950.)

St. Chrysostom, *Homilies on the Acts of the Apostles and The Epistle to the Romans, Nicene and Post-Nicene Fathers of the Christian Church,*Vol. XI. Ed. Philip Schaff. New York: The Christian Literature Co., 1889.

F. L. Cross, ed., *Oxford Dictionary of the Christian Church.* First Edition, London: Oxford University Press, 1958. Second Edition, ed., F. L. Cross y E. A. Livingstone, 1974, imprimida otra vez en 1993. Note: Una referencia a Pedro el Diacono como as historiador de la Abadía Benedicto se encuentra en la Primera Edición.

C. D. Yonge, tr., *The Works of Philo Complete and Unabridged.* Nueva Edición Actualizada, con Introd. por David M. Scholer. Peabody, Mass: Hendrickson Publishers, 1993.

Estudios Nuevos Testamentarios y Tiempos

Balsdon, J.P.V.D. *Roman Women: Their History and Habits.* New York: The John Day Co., 1963.

Bamm, Peter. *Early Sites of Christianity.* Tr. Stanley Godman. New York: Pantheon Books, 1957.

Barth, Markus. «The Old Testament in Hebrews, an essay in Biblical Hermeneutics», *Current Issues in New Testament Interpretation: Essays in Honor of Otto A. Piper.* ed. Wm. Klassen y Graydon F. Snyder. New York: Harper & Bros., 1962.

Barton, Bruce. *The Book Nobody Knows.* Cutchogue, N.Y.: Buccaneer Books, 1992.

Barton, George A. *The Apostolic Age and the New Testament.* Philadelphia: University of Pennsylvania Press, 1936.

Bilezikian, Gilbert. *Beyond Sex Roles,* Second Edition. Grand Rapids: Baker Book House, 1985.

Burgon, John W. *The last Twelve Verses of Mark.* The Sovereign Grace Book Club, 1959.

Carrington, Philip. *The Early Christian Church, Vol. I: The First Christian Century.* New York and London: the Syndics of the Cambridge University Press, 1957.

Chapman, John. «Aristion, Author of the Epistle to the Hebrews», *Revue Benedictine 22 (1905).*

Comfort, Philip W. *Early Manuscripts and Modern Translations of the New Testament.* Wheaton: Tyndale House Publishers, 1990.

Culver, Elsie Thomas. *Women in the World of Religion.* New York: Doubleday & Co., 1967.

Cureton, William, tr. *Ancient Syriac Documents Relative to the Earliest Establishment of Christianity in Edessa and the Neighboring Countries.* Prefacio por W. Wright. Amsterdam: Oriental Press, 1967.

Daniel-Rops, Henri. *The Church of Apostles and Martyrs.* London: J. M. Dent & Sons, Ltd. and New York: E. P. Dutton & Co., 1960. tr. por Audrey Butler de L'Eglise des Apôtres et des Martyrs, 1948.

Davies, A. Powell. *The First Christian.* New York: Farrar, Straus & Cudahy, 1956.

Dozier, Verna J. y Adams, James R. *Brothers and Sisters.* Boston: Cowley Publications, 1993.

Edmundson, George. *The Church in Rome in the First Century.* London: Longmans, 1913.

Ford, J. Massyngberde. «The Mother of Jesus and The Authorship of the Epistle to the Hebrews», *The Bible Today* 82 (1976)

Hanson, A. T. «Rahab the Harlot in Early Christian Tradition», *JSNT I (1978).* (Diario para el estudio del Nuevo Testamento).

Harnack, Adolph von, «Probabilia uber die Addresse und den Verfasser des Hebraerbriefes», *Zeitschift fur die*

Neutestamentliche Wissenschaft und die Kunde der aelteren Kirche. E. Preuschen, Berlin: Forschungen und Fortschritte, 1900, Vol. I, 16-41.

«Uber die beiden Rezensionen der Geschichte der Prisca und des Aquila in Act. Apost. 18, 1-27», *Studien zur Geschichte des Neuen Testaments und der Alten Kirche,* Berlin und Leipzig: Verlag von Walter de Gruyer & Co., 1931.

—— *The Mission and Expansion of Christianity in the First Three Centuries,* Vol. 2. Segunda edicion, extendida y revisada. Tr. y ed., James Moffatt. New York: G. P. Putnam's Sons y London: Williams y Norgate, 1908.

Harris, James Rendel. Lecture V, «Sidelights on the Authorship of the Epistle to the Hebrews», *Side-Lights on New Testament Research.* London: The Kingsgate Press, James Clarke & Co., 1908.

Hayes, D. A. *The Epistle to the Hebrews,* Biblical Introduction Series. New York, Cincinnati: The Methodist Book Concern.

Hughes, R. Kent. *Hebrews: An Anchor for the Soul* Vol. I. Wheaton, IL: Crossway Books, 1993.

Kip, Wm. Ingraham. *The Catacombs of Rome: as illustrating the church of the first three centuries.* New York: Daniel Dana, Jr., 1853.

Landers, Solomon. «Did Jephthah Kill His Daughter?» *Bible Review,* Aug., '91, Vol. VII No. 4.

Leonard, William. *The Authorship of the Epistle to the Hebrews: Critical Problem and Use of the Old Testament.* Rome, Vatican: Polyglot press, 1939.

MacNeil, H. L. *The Christology of the Epistle to the Hebrews.* Chicago: Chicago University, 1914.

Maitland, Charles. *The Church in the Catacombs.* London: Longman, Brown, Green y Longmans, 1846.

Metzger, Bruce M. *The Text of the New Testament.* New York: Oxford University Press, 1964.

Morris, Joan. *The Lady Was a Bishop: The Hidden History of Women with Clerical Ordination and the Jurisdiction of Bishops.* New York: The Macmillan Company; London: Collier-Macmillan Limited, 1973.

Moulton, James Hope, «New Testament Greek in the Light of Modern Discovery», *Essays on Some Biblical Questions of the Day by Members of the University of Cambridge.* ed., Henry Barclay Swete. London: Macmillan and Co., Limited, 1909.

Payne, Robert. *The Horizon Book of Ancient Rome.* New York: American Heritage Publishing Co., Inc., 1966.

Peake, Arthur S. *A Critical Introduction to the New Testament.* New York: Charles Scribner's Sons, 1919.

——. *The Heroes and Martyrs of Father (Studies in the Eleventh Chapter of the Epistle to the Hebrews).* London: Hodder y Stoughton, 1910.

Plumptre, E. H. «Aquila and Priscilla», *Biblical Studies.* London: Griffith, Farran, Okeden y Welch, 1885.

Poland, Franz, E. Reisinger and R. Wagner. *The Culture of ancient Rome and Greece.* tr. John Henry Freese. London: George Harrap & Co., Ltd. 1926.

Prohl, Russell C. *Woman in the Church.* Grand Rapids: Wm. B. Eerdmans Publishing Company, 1957.

Ramsay, Sir. Wm. M. *The Bearing of Recent Discoveries on the Trustworthiness of the New Testament.* London: Hodder & Stoughton, 1915.

——. *The Church in the Roman Empire Before A.D. 170.* London: Hodder & Stoughton, 1892.

——. *The Cities of St. Paul.* New York: A. D. Armstrong and Sons and London: Hodder & Stoughton, 1908.

Riddle, Donald Wayne. «Early Christian Hospitality: A Factor in the Gospel Tradition», *Journal of Biblical Literature* Vol. LVII. Philadelphia: Society of Biblical Literature, 1938.

Robertson, James Alex. *The Hidden Romance of the New Testament.* Boston: The Pilgrim Press; London: James Clarke & Co., Ltd., 1923.

Schiele, Friedrich Michael. «Harnack's 'Probabilia' Concerning the Address and Author of the Epistle to the Hebrews», *The American Journal of Theology*, 1905 (290-308).

Smalley, Stephen S. «Hebrews», *Exploring New Testament Backgrounds: a special survey of the New Testament books.* Presented by Christianity Today, n.d.

Smith, Paul R. *Is it Ok to Call God «Mother»?: Considering the Feminine Face of God.* Peabody, Mass: Hendrickson Publishers, 1993.

Starr, Lee Anna. *The Bible Status of Woman.* Zarephath, NJ: Pillar of Fire, 1955 (c. 1926 por Lee Anna Starr).

Tasker, R.V.G. «The Integrity of the Epistle to the Hebrews», *Expository Times* 47 (1935-36).

Thompson, J.A. *The Bible and Archaeology.* Grand Rapids: Wm. B. Eerdman's Publishing Co., 1962.

Trudinger, L. Paul. «A Note on Heb. 13:22», *Journal of Theological Studies* 23 (1972).

Tuker, Mildred A.R. «The Gospel According to Prisca», *Nineteenth Century* 73 (1913).

VanDevelder, Frank R. *The Biblical Journey: The Road of the Sojourner.* Phil: Fortress Press, 1988.

Verkuyl, G. «The Berkeley Version of the N.T.», BT 2 (1951). (*Bible Translator*).

Wegener, G.S. *6000 Years of the Bible.* Tr., Margaret Shenfield. New York: Harper & Row, 1963.

Wikenhauser, Alfred. *New Testament Introduction.* tr., Joseph Cunningham. New York: Herder & Herder, Inc., 1958.

Wire, Antoinette Clark. *The Corinthian Women Prophets.* Minneapolis: Fortress Press, 1990.

Witherington, Ben III. *Women in the Earliest Churches.* Cambridge: University, 1988.

Rollos del Mar Muerto

Allegro, John. *The Dead Sea Scrolls.* Baltimore: Penguin Books, Inc., 1956.

Burrows, Millar. *The Dead Sea Scrolls.* New York: The Viking Press, 1955; New York: Gramercy Publishing Co., 1986.

Brownlee, W.H. «John the Baptist in the New Light of Ancient Scrolls»; Raymond E. Brown, «The Qumran Scrolls and the Johannine Gospel and Epistles»; Karl Georg Kuhn, «The Two Messiahs of Aaron and Israel», *The Scrolls and the New Testament.* ed., Krister Stendahl. New York: Harper & Bros., 1957.

Cook, Edward M. *Solving the Mysteries of The Dead Sea Scrolls.* Grand Rapids: Zondervan Publishing House, 1994.

Daniélou, Jean. *The Dead Sea Scrolls and Primitive Christianity.* Tr., Salvatore Attanasio. Baltimore: Helicon Press, Inc., 1958.

Spicq, Ceslas, *L'Epitre aux Hebreux* Vol. I. Paris: Gabalda, 1952.

Talmon, Shemaryahu, «Waiting for the Messiah: The Scriptural Universe of the Qumran Covenanters»; Macrae, George S.J., «Messiah and Gospel», *Judaisms and Their Messiahs at the Turn of the Christian Era.* Cambridge: Cambridge University Press, 1987.

Vanderkam, James C., «Implications for the History of Judaism and Christianity», *The Dead Sea Scrolls After Forty Years.* Washington, D.C.: Biblical Archaeology Society, Simposio en la Institución del Smithsonian 27 de Octubre del 1990, c. 1991, 1992.

Wise, Michael O. y Tabor, James D., «The Messiah at Qumran», *Biblical Archaeology Review* Vol. 18 No. 6, Nov/Dec 1992.

Biográfico

The Book of the Saints. Compuesto por los Monjes Benedictus de la Abadía de San Agustín, Ramsgate en Roma. 5ᵗᵃ edición. New York: Thos. Crowell Co., 1966.

Butler's Lives of the Saints. Vol. III. Edición completa. ed., Herbert Thurston y Donald Attwater. New York: P.J. Kennedy & Sons, 1956.

Deen, Edith. *All of the Women of the Bible.* New York: Harper & Bros., Publishers, 1955.

Dictionnaire d'archeologie chretienne et de liturgie (DACL). Paris, 1940.

The Saints, A Concise Biographical Dictionary. ed., John Coulson. New York: Hawthorn Books Inc., 1958.

Hallett, Judith P. *Father and Daughters in the Roman Society (Women and the Elite Family).* Princeton, New Jersey: Princeton University Press, 1984.

Hertling, Ludwig and Englebert Kirschbaum. *The Roman Catacombs and Their Martyrs.* tr. M. Joseph Costelloe. U.S.: The Bruce Publishing Co., 1956. tr. from *Die Romischen Katakomben und ihre Martyrer* por arreglos con Verlag Herder, Vien (1950).

Holzner, Joseph. *Paul of Tarsus.* tr. Frederic C. Eckhoff de *Paulus, sein Leben und sein Briefen*, publicado por Herder & Co., Freiburg en Breisgau. St. Louis, Mo., y London: Herder & Co., 1944.

Lockyer, Herbert. *All the Men of the Bible.* Grand Rapids: Zondervan Publishing Co., 1958.

Morton, H.V. *In the Steps of St. Paul.* 13ra impresion. New York: Dodd, Mead & Co., 1936.

Paulys Real-Encyclopadie der Classischen Altertumswissenschaft, Vol. I. Stuttgart: J.B. Metzlerscher Verlag, 1894. (información genealógica sobre la familia de Acilii Glabriones).

Spence-Jones, H.D.M. *The Early Christians in Rome.* London: Methuen & Co., Ltd., 1910.

The Catholic Encyclopedia, Vol. VI and XII. New York: The Gilmary Soc., and The Encyclopedic Press Inc., 1913.

Tuker, M.A.R. and Hope Malleson. *Handbook to Christian and Ecclesiastical Rome, Part I, The Christian Monuments of Rome.* London: Adam y Charles Black, 1900.

Walsh, Wm. Thomas. *Saint Peter the Apostle.* New York: The Macmillan Co., 1948.

Códice Vaticano

Vat. Lat. 9698. Aviso de Carrara al tesorero del Papa Pío VI del descubrimiento de una placa de bronce en el domicilio de Priscila.

ÍNDICE DE NOMBRES

Epístola a los Hebreos
aceptación en al Nuevo
Testamento, 8
apoyo para autoría de Pablo, 18
apoyo para autoría de Priscila,
19-24
autor feminino, 22, 27-38, 90
cambios importantes, 13-15
esenismo y, 150-165
fecha de escritura, 189-192
forma literaria plural, 60
mujeres "héroes de la fe," 40-57
Papiro de Chester Beatty (P46),
7, 15
postada, 18-24
texto griego, 21-22, 25n16, 57-58,
84, 90, 186, 187, 189
títulos de, 12-13
uso de pronombre "nosotros," 13-
18, 35
versión egipcia (Menfítica), 14, 15
Epístola de Bernabé a los Hebreos,
70, 71-74
Epístola de María Proselita a
Ignacio, 26n23
Epístolas Pastorales, 196
Erasto, 167
esclavos, en Roma, 130-131
esenios, 79, 85, 124, 149, 150
esenismo
ángeles, 151, 156-160
dualismo mesiánico, 151, 160-165
expiación, 151, 154-155
gente del nuevo pacto, 151, 152-153
sacrificio, 151, 154, 155-156
sumo sacerdote, 151, 154, 155
Esteban, 160, 171, 190
Ester, 45-46
Eusebio, 67, 104, 112, 166
expiación, esenismo y, 151, 154-155

F

familia Glabriones, 115, 116, 118,
119, 120, 135, 195
Felipe (Philip), 1-2
Felipe el Diacono (Philip the
Deacon), 87, 204
Filón (Philo), 175
esenios y, 149, 150
Priscila y, 111-112, 113, 134
Ford, Josephine Mássyngberde, 31
Francesca, Hermana María, 114

G

Gabriel, 157
Gardiner, W., 187
Gayo, 112, 172
Gedeón, 55
gente del nuevo pacto, 151, 152-153
Glabriones (familia), 115, 116, 118,
119, 120, 135, 195
Goppelt, Leonhard, 150

H

Habacuc, 153
Hamilton, Edith, 127
Hanson, A.T., 43
Harnack, Adolph von
apoyo para teorías de Harnack, 30,
44, 65, 95, 202
caso para la autoría de Priscila,
5-7, 17, 96
esclavos liberados, 131
evangelización de Priscila hacia
Apolos, 95
Roma como destino de Hebreos, 177
uso de formas plurales en Hebreos,
60
Harris, James Rendel, 44-46, 54, 59,
202

Ruth Hoppin es una escritora libre e investigadora independiente en los estudios Nuevos Testamentarios. Sus articulos sobre Priscila como autora de la Epístola a los Hebreos y temas inspirantes han sido ampliamente publicadas. Contribuye a InterVarsity Press Women's Bible Commentary y Feminist Companion to the Catholic Epistles and Hebrews (T&T Clark). Activa en su iglesia y comunidad, Hoppin es directora de Friends of the Daly City Library, y sirve en la mesa directiva del California Writers' Club.

P. Benjamín Alfaro es Pastor de la congregación hispana, Redimidos — Phoenix, AZ. Viajado por muchas regiones de México, enseñando y ministrando la Palabra de Dios. Su mensaje: Dios es Bueno, Dios es Fiel, Dios es Justo y Dios es Amor. Con gran pasión  por mostrar a Dios como un Dios imparcial y que de acuerdo a Su palabra, "no hace acepción de personas", ahora lleva una nueva arma en su arsenal: ¡Priscila, autora de la Epístola a los Hebreos!